*Für meinen Vater, Francesco Paolo,
edlem Meister der Kochkunst, und für
meinem Sohn, mit der Hoffnung,
daß er nicht nur den Namen sondern
auch die Eigenschaften seines
Großvaters erben wird*

Gedruckt in Italien
Text und Bilder: Carmelo Sammarco
Übersetzung: Quid Traduzioni e Servizi Linguistici – Palermo (S. Moscatelli)
Layout und Satz: Saverio Rao
Photolytho: Litoscanner

Carmelo Sammarco

SIZILIANISCH KOCHEN

Traditionelle Sizilianische Rezepte

VORWORT VON ELDA JOLY
TUSCHEZEICHNUNGEN VON RODO SANTORO

ARNONE Editore - Palermo

Die Rezepte sind einfach und hoffentlich auch deutlich. Jedoch sind einige Hinweise erforderlich, vor allem für jene Leser (und Chefs), die nicht aus Sizilien stammen.
Wenn die erforderlichen Zutaten in Ihrer Stadt nicht verfügbar sind, schlage ich vor, daß sie einen kleinen Vorrat anläßlich ihrer Besuche in Sizilien mitnehmen. Besuchen Sie unsere Märkte, wie zum Beispiel den Vucciria Markt in Palermo. Der Verkäufer wird ihnen sicher empfehlen, welche Zutaten einkaufen oder welche Alternative finden. Die Rosinen Typ Passolina sind zum Beispiel eine Sorte von kleinen und schwarzen getrockneten Trauben, nicht ganz so süß wie die üblichen. Wenn solche "passolina" bei Ihnen nicht verfügbar sind, dann können sie nicht ersetzt werden. Lieber das Gericht ohne "passolina" zubereiten.
Natürlich können frische Zutaten im Laufe einer langen Reise schlecht werden. In diesem Fall können Sie versuchen, sie durch Ingredienzien zu ersetzen, die in Ihrer Stadt verfügbar sind. Versuchen Sie zunächst die Gerichte in Sizilien. Der frische Caciocavallo (Reiterkäse) kann durch einen ähnlich frischen Käse aus Kuhmilch ersetzt werden. Ehrlich gesagt, sind einige Zutaten unersetzbar. Wie zum Beispiel die "Tenerumi", die frischeren und zärteren Blätter der sizilianischen Zucchini, einer längeren Sorte von Zucchini. Ich habe jedoch versucht, die Anzahl dieser Fälle zu beschränken.
Ein letzter Hinweis. Unter "Brotkrume" versteht man in Sizilien die Semmelbrösel. In meinen Rezepten habe ich beide Ausdrucke verwendet. Erlauben Sie mir diese Freiheit. Oder hätte ich die Rezepte in sizilianischem Dialekt schreiben sollen?
Guten Appetit!

Carmelo Sammarco

Francesco Paolo und Carmelo Sammarco

Anna Sammarco

ABSCHWEIFUNGEN ZUR SIZILIANISCHEN KUCHE

In den großen und ordentlichen Küchen des Klosters unter dem wachen Blick der Oberin, wichtiges Amt der klösterlichen Hierarchie, hantierte eine Schar von Novizinnen und Dienstboten mit Kochlöffeln und Töpfen: einige hackten auf Holzbretter und andere rührten sorgfältig die verschiedenen Zutaten und holten aus den im Schatten liegenden und gu belüfteten Abstellräumen kostbare und bunte Rosolioflaschen, Konservendosen und in Zucker aufbewahrte Früchte.
Man wartete auf seine Eminenz und indem die Hauptsünden und die Fleischkasteiung beseitigt wurden, fing man mit der Vorbereitung des Kuchens an, echter Vorzug des Klosters, dessen geheimnisvolles Rezept seit der Vergangenheit mit großer Heimlichkeit überliefert wird: "Trimph der lust".
Bei der Vorbereitung dieses Vorwortes habe ich gerade an diesen geheimnisvollen, wohlschmeckenden und vielfarbigen Kuchen gedacht, da dieses Dessert die Haupteigenschaften der sizilianischen Gastronomie zusammenfaßt. Unter diesen Eigenschaften gibt es auch die theatralische Darstellung einer zauberhaften Mahlzeit. Der Effekt wurde durch das überflüssige Essen und seine Pyramideanordnung auf dem Tisch erreicht. Es war eigentlich die formale Lobpreisung einer Gastronomie, die wieder bewertet sein mußte, um das was Sizilien so großzügig in den besten Zeiten sowie während der finsteren Jahre erzeugt hatte, nicht zu vergessen.

***

In den letzten Jahren wurden in einigen Sizilianischen Großstädten, wie es auch im ganzen Europa geschehen ist, mehrere *Fast Foods* eröffnet. Hier bei uns, wo die gastronomischen Gewohnheiten noch die Last einer glorreichen Tradition bewahren, hatte man verschiedene Reaktionen.
Primitives und irreleitendes Konsumdenken, protestieren die Konservativen. Trostlose Schande, donnern diejenigen, die sich mit Sehnsucht an die bescheidene und sanfte Atmosphäre der alten Cafés, der Tea Rooms, der Konditoreien, bekannten Treffpunkte der Intellektuellen und der besten Einwohner von Palermo erinnern, die sich hier um elf Uhr für einen *Wermutwein* oder um achtzehn Uhr für den Tee oder einen Eis trafen... Ach, was für schöne, vergangene Zeiten!
Wenn man aber genau nachdenkt, existierte das *Fast Food* in Palermo schon immer. In der Vergangenheit konnte man es schon auf den Großmärkten bei den Bratstellen oder in den Gassen der Altstadt versteckt finden, wo sich Dufte, Stimmen, Farben berauschend zusammenmischten, die die Stadt so charakteristisch machten. Derselbe wurde auch in Körben und Hucken von einer dichten Schar von Straßenverkäufern, die laut schreiend die vorbeigehenden Kunden anlockten, umherum gebracht.
Die Speise war für eine bestimmte Arbeiterklasse bestimmt. Für jene Arbeiter, die mit wenig Geld ihren Imbiß während der täglichen Mittagspause schnell auf der Straße, in einer Ecke im Schatten während des Sommers und in der Sonne im Winter, verzehren wollten. Die Tafel wurde nicht hergerichtet. Dafür wurde warmes Brot benutzt, auf das man mehrere Zutaten legte: Kicheerbsenfladen (Dünne Kuchen aus Kichererbsenmehl), Krokette *(cazzilli)*, Küchleinreste, fritierte Auberginen, im Schmalz gebratene Milz, als Alternative zu großen weichen Teigscheiben, mit Tomatensoße, Zwiebeln, Sardellen und Semmelbröseln *(u sfinciuni)* angerichtet. Damals trank man dazu nur Wasser, das oft mit Zitronensaft oder mit einigen Tropfen Anisdestillat *(u zammù)* aromatisiert war, da der Wein zu teuer war. Dies war also in der "glücklichen" Stadt Palermo das Essen der Arbeiter, der Arbeiterschaft und derjenigen, die rasch anwachsen, die keine Kindheit gehabt haben und oft ein armes und schweres Leben führen, die dauernd von ihren Herren, örtlichen oder sich hier angesiedelten und in den Jahren abgewechselten Mächtigten, unterdrückt sind.
Die Glücklicheren, diejenigen, die etwas mehr Geld besitzten, können ihren Hunger auch in den Schenken stillen, wo mit dem Wein auch pikante und scharf gewürzte Brotschnitte serviert wurden, die den Durst anregten und den Getränkenverbrauch erhöhten. Hier wurde nichts bestellt: der Wirt bereitete ohne Förmlichkeit das Tagesgericht, im Uberfluß, duftend und vom

guten Aussehen. Nach Befriedigung des Geruchssinnes, Sicht und Geschmacks fühlte man sich besser und wohlgelaunt, echtes Wundermittel gegen die physischen Krankheiten und die Lebenssorgen.
Alle andere aßen zu Hause, wo eine Schar von "Hausengeln": Oma, Mütterchen, Tanten und Schwestern mit Hilfe von Küchen- und Dienstmädchen den ganzen Morgen in der Küche zwischen Pfannen und Töpfen verbrachten, um dem Hausherrn köstliche Mahlzeiten vorzubereiten.
Die gelehrten Liebhaber der sizilianischen Gastronomie unterscheiden verschiedene Gerichte und setzen zwei Hauptrichtungen fest: die plebejische, arme und einfache Richtung, und die adelige und großbürgerliche Richtung, die den Vorzug der *"monsù"* (berühmten Klassenköche) hatte. Sie chimpften voller Würde und dröhnend, den typischen Nudelholz in der Hand, die spärlichen Lehrlingsgruppen aus, die nur die Schuld hatten, in der täglichen Aufführung des Artusi Rezeptbuchs umher zu schweifen. Solche Zweiteilung ist reine Theorie. Die Wirklichkeit ist inder Tat komplexer: "Sag mir wie du ißt, und ich sage dir, wer du bist", lautet ein altes Sprichwort.
Das Kochen kann als eine der flüchtigsten Künste betrachtet werden, doch ist sie als solche mit der Geschichte, den Traditionen und warum nicht, auch mit dem momentanen Modetrend eng verbunden: also mit dem Geschmack in der weitesten Bedeutung des Termins.
Es wurde viel und lange über die sizilianische Gastronomie geschrieben: es wurden mehrere Fragen über die Herkunft der Soßen und der verschiedenen Speisen gestellt und man hat in diesen den Reflex und die Erbschaft der Völker, die hier auf der Insel aufeinanderfolgten, entdeckt. Diese Erwägung hat ohne weiteres einen Wahrheitsgrund. Wenn man aber die zentrale Lage Siziliens im Mittelmeer betrachtet, spürt man die Wirklichkeit sehr nah: ein Meer, das schon zur Zeit der Prähistorie die Länder, die sich seiner Küste entlang zeigten, vereinte und nie trennte.
Es ist gar nicht einfach Sizilien zu charakterisieren: ein Land heftiger Leidenschaft, verwüstender Melancholie, krasser Gegensätze. Sizilien: ein echter Mikrokosmos, wo alle Komponenten eines Kontinenten klein vorhanden sind und wo ein mildes Klima herrscht, das sich von Küste bis zum Inland verändert.
Ihm gehören die verschiedensten Farben, die in der Sonne noch greller und lebhafter schimmern. Hier breiten sich alle blaue Farbtöne des Himmels und des Meers, die grünen Töne der Wiesen und der Wälder, die weißen, gelben, roten glänzenden Farben der Blumen aus. Die Kulturen sind hier seit immer unterschiedlich, und unter einem gewissen Gesichtspunkt verlängert: der Inselküste entlang reifen die Früchten früher, die Hügelfrüchte, und die Früchte in den Bergen, die zuletzt bereit sind. Wo die Landwirtschaft die Hauptaktivität war, ist dies besonders wichtig. Pflanzen können hier ihre Wurzel fassen und ohne Schwierigkeiten blühen. Von so üppiger Natur umgeben, liebt der Sizilianer die grellen Farben. Graue Himmel, bleifarbige Meere und flache Landschaften bedrucken ihn wie physische und moralische Krankheiten.
Die Farben sind Freude, Fest, Lustigkeit. So sind auch die sizilianischen Süßigkeiten echte Festsymbole, wie wir auch später sehen werden – echte Farbenjubel, die man vorher mit den Augen genießt. Auch wenn die Herkunft dieser Farben meist ungewiss ist, muß der Farbkasten immer reich sein. So kann man auch das jüngste Glück der Kiwi, der australianischen Früchte, verstehen. Obwohl die Frucht nicht sehr schmackhaft ist, besitzt ihr Fleisch ein kräftiges, lebhaftes Grün mit schwarzen und weißgestrichelten Strahlen. Es ist das gleiche Grün, vielleicht etwas verblaßt, für die Obstnachahmung finden. Dieses Obst wird mit einem Mandelteig nach einem alten Rezept zubereitet, wovon es wenige Variante gibt und das zum klassischen Altertum gehört. Die Inselerzeugnisse, und vor allem der Honig der "Hybläen" waren damals besonders von den Römern geliebt, die auch die Sorgfalt der sizilianischen Küche schätzten.
Die vielen Gewürze, die vielmehr aus der klassischen Altertum als von den Araben stammen, und die aromatischen Kräutern, wovon die Pflanzenwelt der Insel sehr reich ist, verleihen der Gastronomie sanfte Düfte, geheimnisvolle Geschmäcker und unbestimmte morgenländische Suggestionen. Dill, Wermut, Wacholder, Knoblauch, Zwiebel, Gewürznelken, Ingwer, Basilikum, Pfeffer, Zimt, Kassie, Kardamom, Kümmel, Zinnamom Koriander, Fenchel, Lorbeer, Mastixbaum, Majoran, Minze, Origano,

Spike, Muskatnuß, Rosmarin, Rucola, Salbei, Sellerie, Safran. Diese sind die Gewürze, die auf der Tafel von Alexandria in Ägypten, einer Art von Gewürzverzeichnis des IV Jhdts n.C., angegeben sind.
Die Gewürze, die auch Arzneiwirkungen besaßen, wurden zur Aromatisierung sowie zur Aufbewahrung der Lebensmittel benutzt. Die wohlschmeckenden Honig- und Essigsoßen, die die verschiedenen, gebratenen oder gekochten Gemüse, Fleische oder Fische begleiteten, sind den Römern zu verdanken. So schreibt Apicio, Vielfraß und Feinschmecker des I Jhdts n.C.
In den Städten lebte man zusammen, bevor sie mit großen und öden Schlafvierteln am Stadtrand und im Zentrum ausgestattet wurden. Der Adelspalast, die Bürgervilla, die armseligen Behausungen öffneten sich nach außen mit Balkonen und Terrassen *(astrachi)*, wo man durch Basilikumpflanzen und Minze, Geranien und Begonien blickte die – in jener Sehnsucht nach Land, nach Grün, immer so lebendig im Herzen des Bürgers – als farbige Hintergründe für Strassen und Höfe dienten. Wechselhafte Bühne auf der sich die menschliche Tragikomödie aufspielte.
Religiöse oder bürgerliche Feiertage, Familienfeste, Taufen, Hochzeiten, Beerdigungen, jedes Ereignis bedeutete also einen Vorwand, um sich alle zusammen um einen Tisch zu versammeln, wo die Mahlzeit sich nach einer konsolidierten Speisefolge und einem genauen Ritual entfaltete: man konnte eigentlich nur vom Festmahl sprechen, wenn die Gerichtsgänge mindestens fünfzehn waren.
Am Anfang genügte eine leichte Brühe, um den Magen zu erwärmen. Es folgten die ersten Gänge (üblicherweise handelte es sich um besonders bearbeitete Nudelgerichte) und die zweiten Fleisch- und Fischgänge, die sich mit den Zwischengerichten und kleinen Tellern abwechselten. Die letzten bestanden aus Aufschnitt, Käse, Oliven, Mixpickles, getrockneten Tomaten, usw.
Reich und bunt waren die Zwischengerichte: Omelette mit Gemüse, Käse- und Gemüseaufläufe (Auberginen, Tomaten, Paprikaschoten, Zucchini) gefüllt oder in scharfen und süßen Soßen eingetaucht. Vor allem gab aber gab es das Gebackene *(fritto misto)*, "eine Mahlzeit ohne Gebackenes ist keine Mahlzeit", sagten die Kenner. Kroketten aus Reis, Kartoffeln, Grieß, Creme – panierte oder in feinen Teigen umhüllte Käseschnitten, Gehirn, Schulter, Gemüse erlangten knusprig und warm den Tisch auf langen Tabletten, mit frischem Salat oder grünen Blättern verziert.
Mit der Zeit und nach dem neuen gastronomischen Konzept reduzierten sich die Portionen der Zwischenteller und nun werden die Beilagen als Vorspeise, als kleine Imbisse, die in der traditionellen sizilianischen Küche gar nicht betrachtet sind, vorgelegt.

***

Was die sizilianische Gastronomie anbelangt, habe ich bereits erwähnt, daß hierzu zwei Richtungen festgestellt wurden, die mit der Sozialklasse der Verbraucher eng verbunden waren. Man darf aber noch eine zweite Differenz machen: der Unterschied zwischen den Küstenzentren und den Hügel- und Bergezentren. In dem sizilianischen Mikrokosmos sind die Entfernungen nicht übermäßig, besonders heute wo man in ein paar Stunden die andere Spitze der Insel erreichen kann.
Wenn man aber mit dem Gedanken zurückgeht, verlängern sich die Zeiten und eine "Fahrt" mit dem Auto, wie heute die Strecke Palermo-Catania, bedeutete eine echte lange Reise durch unterschiedliche Landschaften, entlang oft zerrütterten Straßen, reich an Höhenunterschieden und Kehren, die mehrere Tage auf den Rücken von Eseln, Maultieren oder auf Kaleschen und Droschken verlangten.

***

Kleine Ruderschaluppen, Fischerboote mit bunten Lateinersegeln, luden jeden Tag auf den Hafenmolen und in den Buchten die vielen noch zuckenden Fische, Molluske und Krustentiere auf, zu denen man auch die Saisonerträge der Thun- und Schwertfischschlacht berechnen mußte.
Der Fischfang ändert je nach Saison, aber vor allem, aber, je nach dem Meer, wo der Fisch lebt und sich vermehrt. Die Meerrange von Messina ist zum Beispiel das Fanggebiet für den Schwertfisch. Das Thyrrenische Meer und Teil des Sizilienkanals sind reich an Fisch: Makrelen, Sardinen, Sardellen, Meersauen und Brachsen, Zachenbarchen, Seezungen, Meerbarben. Im

Rodo

Jonischen Meer befinden sich vor allem Mollusken und Krustentiere, Miesmuscheln und Meerfrüchte.
Entlang der Nord- und Süditalienischen Küsten befanden sich die Gebiete für die Thun- und Schwertfischschlacht, wo besonders vom Mai bis September ein heidnische Schlachtritus stattfindet, nach einer uralten Tradition, die bis zum Anfang der Zivilisation zurückreicht. Hier wurden die Thunfische verarbeitet, die einmal als Fleisch der Armen verachtet wurden. Sie wurden in Öl eingelegt oder unter Salz aufbewahrt.
Dank der Verschiedenartigkeit des Fischfanges konnte jede Stadt der Meerküste ihr eigenes Rezeptrepertoire vorzeigen. Fast nie nur im Wasser gekocht (nur für Kranke geeignet) wurden die Fische ganz oder in Scheiben mit Mollusken und Krustentieren in duftenden und reich gewürzten Suppen gekocht, mit Tomaten oder Safran angerichtet, gebraten oder fritiert.
Die Soßen exaltierten in diesem Fall den Geschmack. Die übliche und einfachste Soße war die sogenannte *"salmorigano"* (Öl, Zitronensaft, Origano und Knoblauch), die komplizierteste die *"caponata"* (fritierte Aubergine, Kapern, Oliven, Sellerie, Tomaten, Zwiebel, Zucker und Essig). Nicht zu vergessen sind zuletzt die angebratenen und in eine süßsaure Soße eingelegten Zwiebeln. Diese Mischung bewahrte die Gerichte für mehrere Tage auf, als Kühl- und Eisschränke noch nicht bekannt waren.
Unter den Mollusken war der gekochte und mit Zitrone, Salz und Pfeffer gewürzte Polyp von den Palermitanem als gut verdaulich gehalten!
Wenn auch allgemein den Aragonesen die Erfindung der Fischsuppen zugeschrieben wird, oder der Internationalität Messinas die besondere Verarbeitung des Stockfisches, sind sich alle einig, daß der typische Fisch-Kuskus von Mazzara, Marsala und Trapani eine Erbschaft der Arabischen Herrschaft ist. Man muß sich aber fragen, warum dies nur in einer kleinen Ekke der Insel vorkommt. Andererseits ist der Fisch Kuskus im Nord Afrika nicht sehr bekannt. Im Tunesien wird dieses Gericht als Alternative zum Fleisch-Kuskus (Kalb, Hammel, Huhn) vor allem in dem Gebiet von Sfax serviert. Sehr wahrscheinlich stammt dieses Gericht, das in Trapani so typisch ist, aus der engen Verbindung der gemischten Boots-Besatzungen während der Fischschlacht; nicht umsonst wird der Besatzungshäuptling auch heute noch Rais genannt! Man darf aber auch nicht vergessen, daß bis zum letzten Jahrhundert die sizilianische Sprache in allen tunesischen Häfen gängig war und sogar in den Gerichtshöfen gesprochen wurde.
Auf jeden Fall konnte der Fisch, der auf der Küste überall gegessen wurde, nur schwer das Inselzentrum erreichen, wenn dieser nicht in Dosen *(burnie)*, in Öl eingelegt oder unter Salz aufbewahrt war.

***

Am Anfang, als der Transport von frischem Fisch ins Inland so schwer war, brachten Maultierkarawanen *(retine)* und Karren das typische Schlachtvieh der Großgrundbesitzer in die Stadt: Hülsenfrüchte und Getreide, Frischkäse und Quark, aber vor allem Fleisch, das in der Stadt direkt geschlachtet wurde und nachher mit Gewürzen,- aromatischen Kräutern und Gemüse gekocht wurde. Tatsächlich waren die Weiden nicht sehr reich und das Fleisch war nicht besonders wertvoll. Außer Rindfleisch wurde vor allem Schaf- und Schweinefleisch sowie auch Hühner, Tauben, Kaninchen verwendet, die überall mit wenig Geld gezüchtet werden konnten. Das Fleisch wurde auf Holzkohle oder direkt in Pfannen gebraten. Für ein längeres Garen wurden Topfe aus Terrakotta benutzt, wo sich Gewürze und Kräuter in dichten Soßen umwandelten und deren Duft sich durch Straßen und Häuser verbreitete.
Wer eine Flinte besaß, der konnte sich auch selbst Wild besorgen, das einst auf der Insel sehr reich auftrat. Hasen, Kaninchen, Lerchen, Wachtel, Drossel, Bläßhühner, Grünhälse, Wildschweine, Igel; das ganze eßbare und marinierte Wildfleisch bildete eine weitere Nahrungsmittelressource. Doch das Fleisch war teuer. Dies berechtigt die zahlreichen Gerichte, wo es gehackt und zerkleinert verwendet wird, um somit die härtesten Fleischstücke und Reste aufarbeiten zu können. Nach dieser Behandlung diente das Fleisch vor allem zur Vorbereitung von Timbalen, Ausläufen oder zur Füllung von Gemüse: Zwiebeln und Auberginen, Paprika und Zucchini. Und weiter mit einem Kartoffelbrei oder aufgeweichtem Brot vermischt nahm es die Form von Klößchen, die einmal angebraten oder fritiert in verschiedene und farbige Soßen einge-

taucht wurden. Mit wenig Geld konnte man somit das Volumen der Speise verdoppeln.

***

Die sizilianische Tafel besitzt ein Paar unbestrittener Herrscher - wenn man sie auch nicht als Schutzgötter betrachten will - die von den Inseleinwohnern geliebt und verehrt werden: das Brot und die Nudeln. Es stimmt auch, daß ihre Macht vor kurzer Zeit mehrmals bestritten wurde. Sie wurden von den Befürworten der schlanken Linie angeklagt, vor Gericht gestellt und verbannt. Einmal sagte man den Kindern: "Iß auch Brot dazu"! Heute werden verpackte Süßigkeiten bevorzugt, die wenn auch garantiert, so natürlich garnicht sind. Während der berühmten zwanziger Jahre und vor allem zur Zeit der Sanktionen wurde seine Hoheit das Brot hosanniert, gesungen und auch verehrt. Wir können also das Brot als einen politischen Verfolg-Verfolgten betrachten, der nach seiner Verbannung durch Zwieback, Weißbrotstangen *(Grissini)* und Crackers ersetzt wurde. Nach Überschreitung der Meeresenge weiß ein echter Sizilianer genau, daß es besser ist, den Verbrauch zu reduzieren. So wird das Brot eine sehnsüchtige Erinnerung.
Mehl, Wasser, natürliche Hefe - der Teig, in runde oder längliche Formen gearbeitet (Brötchen, *pupe* und *picciriddi*) wurde mit Wolltüchern umwickelt, um den Gärungsprozeß zu begünstigen und danach in mit Olivenbaumklotzen oder Ranken beheizten Öfen gebacken. Auf dem Land war der Brotteig hart. Zweimal im Monat wurde gebacken und das Brot mußte lange dauern. Einmal hart, konnte das Brot, mit Lorbeer, Knoblauch und Gemüsebrühe gekocht, sich in eine eine duftende und warme Suppe verwandeln. Das frische Brot bildet mit Öl, Origano, Salz, Pfeffer, Anschovisfilets und etwas Schafkäse eine köstliche Mahlzeit.
In der Stadt war das Brot besser verarbeitet und somit weicher und weißer. Es hatte verschiedene Formen und wurde mit Sesam- und Mohnsamen bestreut und sah fast wie einen Kuchen aus. Es gab scharfes, spanisches und französisches Brot, jedes für eine bestimmte Mahlzeit bestimmt. Zuletzt gab es noch die kleinen Brötchen (*muffulette* und *guastedde*), die mit Hackfleisch, Weich- oder Frischkäse, Frischkäsecreme, kandierten Früchten und Schokolade *(Iris)* gefüllt wurden, die das Brot in eine vollständige Mahlzeit verwandelten.

***

Einige sind der Ansicht, daß sie aus China stammt und dank der zahlreichen Reisen von Marco Polo nach Sizilien gelangte, andere, wiederrum, behaupten, daß sie schon immer auf der Insel existierte: Seine Majestät, die Nudel, kehrt nun nach einer Dekadenz- und Ablehnungszeit wieder auf den Tisch, auch dank der Entdeckung der Mediterrandiät. Seit immer wurde die Nudel von den Sizilianern der Küste, des Hügelgebietes und der Bergen hoch angesehen und als Säule ihrer Gastronomie betrachtet.
Aus den ursprünglichen, handgeformten Teigformaten - *tagliolini* (Bandnudeln) und quadrucci, anelletti, cavateddi und busi - haben sich mit der Einführung der Mechanisierung mehrere Teigformate entwickelt, die einfach in zwei Gruppen unterteilt werden können: die langen Nudeln, die um die Gabel gewickelt werden, und die kurzen Nudeln. Jeder Nudelformat verlangt eine besondere Soße.
Von süßen oder pikanten Krusten umgeben oder mit Semmelbröseln bedeckt, herrschen die Nudeln mit voller Macht auf eine zahlreiche Schar von Pagen und Mägden: die Soßen und Beilagen. Heute kann man eigentlich garnicht begreifen, wie es einst möglich gewesen war, Nudeln ohne Tomatensoße zu essen, da Spaghetti seit jeher mit Tomatensoßen und Basilikum vereint sind. Hier muß man aber wiederum bemerken, daß die Tomaten sehr wahrscheinlich nicht von Cristoforo Colombo nach Italien gebracht wurden, da einige Wissenschaftler der Meinung sind, daß diese berühmte Früchte mit den Esperidi der Herkules Sage irgendwie verbunden sind. Auf jedem Fall möchten wir noch einfache Soßen mit Knoblauch, Öl und Paprika, und einige Varianten (mit Petersilie, Anchovisfilets und gerösteten Semmelbröseln) sowie Soßen mit Gemüse, gekochte oder mit aromatischen Kräutern angebratenen Hülsenfrüchten erinnern: natürliche und schmeckhafte Würze. Weitere Zutaten sind: Käse *(tozzo)*, Ricotta mit Zucchini und fritierten Auberginen, sowie leichte Fischbrühen, Krustentiere, Meeresfrüchte, Hackfleisch und Hühnerklein. Zusammenfassend sind Nu-

Rodo

deln das Haupt- und oft das einzige Gericht.
Seltener die Verwendung des Reises, der wahrscheinlich über die Araber, aus dem Morgenland eingeführt wurde und wenige, jedoch sehr schmackhafte Spuren auf der Insel hiterließ (Timbale, Reisbällchen, Krokette, süße und scharfe Krapfen, Cremereis, karamelisierter Reiseis) bevor er in für seinen Anbau geeignetere Länder weiterwanderte.
Und Mais, aus dem westlichen Indien stammt, wurde wie die Kleie als Hühnerfutter abgetan!
Es gibt kaum einen Monat in Sizilien, wo nicht mindestens zwei bis drei religiöse oder zivile Feiertage auftreten, wenn man dazu noch Geburts- und Namenstage zählte, sowie verschiedenartige Anläße wuchsen die Gelegenheiten zum feiern ins Unendliche. Schließlich bedeutete eine öffentliche Feier aber auch das private Fest einen Moment sozialer Zusammenkunft in einem oder mehreren Familienclans. In den Adelkreisen unterhielten man sich (von den Ritter bis hin zu den Prinzen gab es unmengen davon). Kunst, Handwerk und sonstige Berufe versammelten ihre Mitglieder in den jeweiligen Vereinigungen: die Zunften. Die Mittellosen sozialisierten täglich in Höfen und Gassen. Gut gekleidet spazierte die bunte Menschenschar in einer feierlichen "Parade" durch die geschmückten und beleuchteten Straßen. Das "sich zur Schau stellen" ist auch ein wichtiger Zug des sizilianischen Wesens.
Das Anhalten in einer Cafeteria, Heiligtum des Gefräßigkeit, wo Kuchen und Süßigkeiten jeder Art und Sorte farbig und duftend die Kunden anlockten, war während des Spazierganges *(u passiu)* eine Pflicht. Die Süßigkeiten dringen also in das Ritual der Feier ein und charakterisieren das Fest: und so ist der Buccellato mit Weihnachten gleichzusetzen; die *Sfincie* mit dem Hl. Josef, die *Cassata* mit Ostern, die *Cannoli* mit Karneval; die Marzipanfrüchte mit der Totensfeier... Man darf natürlich auch nicht vergessen, daß einige Zutaten, wenn es sich nicht gerade um Konserven handelt, nur in gewisse Jahreszeiten verfügbar sind. Die Ricotta, z. Bsp., gibt es nur von November bis April, die Wassermelone von Juni bis August, die Zitrusfrüchte vom November bis April, um nur einige davon zu nennen.
Die sizilianische Konditorei, wie wir bereits erwähnt haben, ist sehr üppig. Zuckersüß und farbenprächtig ist sie eine echte Wonner für die Augen. Die Farben werden mit polychromischen Zuckergüssen oder Schokolade erzeugt, wenn sie nicht mit dem Zusammenstellen der Rohstoffe erzeugt werden können. Die Glasur wurde mit kandierten Früchten, Marzipanblumen oder mit bunten Aniskernen, Konfekten oder süßen, gelben, grünen, hellblauen roten Mehlkugelchen (*mbriaculicchi* und *cannettiglie*) sowie mit silbernen und goldenen Kügelchen und Pastillen verziert.
Es gibt keine Stadt, klein oder groß, die nicht mit mindestens einer typischen Süßigkeit auftrumpfen kann. Unmöglich ist es, sie alle zu erwähnen. Wir beschränken uns deshalb auf nur einige davon: der *"aranciata"* von Modica, die *Pi gnoccata* von Messina, der "Türkenkopf" von Castelbuono; die Käsetorte von Polizzi; die "Totenknochen" von Sciacca; die *Cassata* von Palermo, die so berühmt ist, daß sie keine weitere Beschreibung braucht. Überall auf der Insel werden verschiedene mit Marmelade oder Creme gefüllte Süßigkeiten aus Mandel- und Sandteig sowie aus süßem Brotteig vorbereitet. Wir wollen hier die berühmten *"minni di virgini"* (Jungfraubrust) in Andacht an die Hl. Agata, Schutzpatronin von Catania und Palermo, nennen.
Wenn auch nur kurz angedeutet, können wir hier nicht die Aufbewahrungssystemen des Obstes der sizilianischen Konditorei vernachläßigen: Das Obst wurde mit Zucker gekocht, oder mit Spiritus bedeckt oder auch in Zucker aufbewahrt. Die so erzeugten Sirupe blieben geschmackvoll und wurden im Sommer kalt oder mit Wasserzugabe als durststillende Getränke statt der üblichen Fruchtsäfte angeboten.
Aus der Mischung von Fischleim und Fruchtsaft erhielt man weiche Gelees (aus Kaffee, Maulbeeren, Sauerkirchen); einmal mit Stärke gehärtet dienten sie zur Vorbereitung der kalten, Jasminduftenden Wassermelonengrütze, das typische Dessert von Palermo.
Fruchtsäfte, Essenzen, sogar Gewürze sind unentbehrliche Zutaten für die Vorbereitung von Granita, Sorbet und Eis, unbestrittene Meisterwerke unserer Gastronomie. In der Vergangenheit, als das künstliche Eis noch nicht gab, wurde der Winterschnee in tiefen Löchern und Spalten, mit Stroh und Lappen aufbewahrt. Lange Reihen von Maultieren transportierten damals den übriggebliebenen Schnee von den Bergen in die Städte her, um die Getränke zu erfrischen

und die Flüssigkeiten fester zu machen. Je nach der Festigkeit der Masse wurden Cremolate, Granita, Sorbet und Eis vorbereitet. Die letzteren wurden noch mit kandierten Früchten, gehackten Haselnüssen und Mandeln verziert. Außer der Fruchtsäfte wurde das Eis mit Kaffee, Schokolade, Zimt *(scorzonera)*, Jasmin und Pfefferminze aromatisiert.

***

Bacchus, Gott des Weines, führte die Weinreebe aus Indien ein und schenkte den Sterblichen den Wein, wahres Freudeschenkendes Trostmittel. Davon waren zumindest die Griechen überzeugt, die das Getränk nach Sizilien einführten. Nicht umsonst befand sich auf den Münzen der ältesten sizilianischen Kolonie von Naxos der Sileno, Figur des dionisischen Zuges mit dem typischem Trinkgefäß *Kantharos*. Nun wissen wir heute, daß der wilde Weinstock auf einem breiten Gebiet des temperierten Gürtels auftritt, der den größten Teil des Mittelmeerbeckens umfaßt. Unter diesem Gesichtspunkt sind die Behauptungen der griechischen Mythologie nicht korrekt und dieser Schatz muß also als gemeinsames Vermögen betrachtet werden.
Der sizilianischer Wein, stark und dick, wurde schon im klassischen Altertum geschätzt. Diese Qualität wurde anfangs in Italien und im Ausland nur zur Aufbesserung der schwächsten Weinsorten benutzt. Nur seit kurzer Zeit konnten sich unsere Weine auf breiten Gebieten und Märkten durchsetzen. Aus den trockenen Weißweinen von Alcamo bis zu den Rotweinen der südlichen Inselgebiete - den *Cerasuolo* von Vittoria und den *Nero* von Pachino - werden heute mehrere Qualitätsweine aus bestimmten Anbaugebieten erhalten, wie die von den Ätna Gefällen; dazu kommen auch jene Süßweine, die mit verwelkten Weintrauben erzeugt werden, die sich besonders in der Nähe von Pantelleria (Likör- und Muskatweine) und Lipari (Malvasia Wein) befinden. Den sizilianischen Weinen fehlte auch ein berühmten Sänger nicht. Giovanni Meli, junger Dichter von Palermo aus dem XVIII Jhdts lobte die Eigenschaften der einzelnen Weine und zeigte die Schlauheit derjenigen an, die die abgefüllten und etikettierten Weinflaschen als nordeuropäischen Göttertrank verbreiteten. Eitler Modetrend, der auch in der Gewohnheit sichtbar wird, die Desserts mit Schaumweinen (brut oder extrabrut) zu begleiten und nach dem Essen einen Whisky oder Cognac zu trinken, anstatt einen mißhandelten Rosolio.
Heute kann allerdings eine gewisse Umkehrung der Sitten und Bräuche festgestellt werden. Es mag auf die Krise zurückzuführen sein, oder auf eine Geschmacksänderung, doch werden heute die Hefte und Bücher der Großmüttern durchblättert und Klostergeheimnisse gelüftet, um alte Likör- und Siruprezepte zu finden. Mit kleinen Korrekturen in den Mengen werden nun die alten Liköre aus Zitrusfrüchten, Zedratzitronen, Blätter von Zitrusgewächsen und die Ratafia aus Maulbeeren, Erdbeeren, Pflaumen, Nußliköre sowie Kräuter- und Gewürzliköre, wie der berühmte *"Centerbe"*, Bitter und Anislikör wieder angeboten.

***

Zuletzt noch eine kleine Überlegung. Der Sizilianer, der ein anderes Mittelmeerland besucht und ein guter Kenner der Inselgastronomie ist, wird sicherlich - von Griechenland bis Spanien, von Syrien bis zum Magreb - mehrere Übereinstimmungen und Konvergenzen mit seiner Küche finden. Er wird ähnliche Gerichte und gleiche Geschmäcker und Dufte entdecken, so daß er sich hier wie zu Hause wohl fühlen wird. Geistig wird er seiner Sizilien sehr nah sein. Sizilien, eine Insel wo der Vorübergehende seit jeher, sei es Herr oder Knecht, etwas seiner Kultur hinterlassen hat, aber auch etwas mit sich genommen hat.

Elda Joly

Gefüllte Reisbällchen mit Fleisch

Arancineddi di risu cu a carni

Für den Reis:
- 1 kg Reis Sorte Arborio
- 2,5 lt Wasser
- 50 g Butter
- 2 Beutel Safran
- Salz

Für die Füllung:
- 1 Karotte
- 1 weiße Zwiebel
- 1 Selleriestange
- 500 g Rinderhack
- 200 g frische Erbsen
- ein Schuß Weißwein
- 1 Löffel Tomatenmark
- 1 lt Wasser
- Olivenöl

Für die Panade:
- 1 Ei
- 1/2 Lt Wasser
- Weizenmehl
- Semmelbrösel

Wasser zum Kochen bringen, den Reis hinzufügen und bei milder Hitze kochen. Wenn der Reis gar ist, den Topf vom Herd nehmen. Butter und Safran hinzufügen. Für ca. 2 Minuten ruhen lassen. Den Reis auf eine Fläche streichen und komplett auskühlen lassen. Separat in einem Topf Olivenöl mit fein gehackten Karotten, Sellerie und Zwiebel erhitzen. Rinderhack und Erbsen hinzufügen und gut anbraten. Weißwein hinzugießen. Tomatenmark hinzufügen und mit Wasser verdünnen. Die Soße mit Salz abschmecken und ca. 25 Minuten lang kochen lassen. Wenn die Soße gar ist, den Reis damit vermengen; der Reis wird in kleinen Portionen aufgeteilt, die wie kleine Bällchen geformt werden.
Separat Mehl mit Wasser binden, Ei hinzufügen und zum Schluß die Reisbällchen darin eintunken, bevor sie in Semmelbröseln gewendet werden. In reichlichem Olivenöl ausbacken und warm servieren.

Knusprige Käseschnitte mit Caciocavallo (Reiterkäse)

Caciucavaddu all'argintera

- 500 g halbreifer Caciocavallo Käse (Reiterkäse)
- 1/2 dl Olivenöl
- 2 Knoblauchzehen
- 1 Spritzer Essig
- Handvoll Origano
- Weizenmehl

Olivenöl in einer Pfanne erhitzen. Knoblauch hinzufügen und andünsten lassen. Die in Mehl gewendeten Käseschnitte drin drin auf beiden Seiten knusprig ausbacken. Mit einem Schuß Essig abschrecken. Dabei Acht geben, daß die Pfanne kurz vom Herd genommen wird. Mit Origano würzen und servieren.

* *Bild*

Caciocavallo Schnitte mit Sahne

Caciucavaddu 'ncappucciatu

- 500 g frische Caciocavallo Käse (Reiterkäse)
- 1/2 dl Olivenöl
- 1/2 Teelöffel von gehackten trockenen Kräutern (Knoblauch, Kerbel, Paprika, Petersilie)
- 4 Eier
- 1 dl frische Sahne
- Weizenmehl
- schwarzer Pfeffer aus der Mühle

Die Käseschnitte mit Mehl bestäuben und in einer Pfanne mit Öl und Kräutern auf beiden Seiten gut ausbacken lassen.
In einer Schüssel Eier und Schlagsahne verquirlen und in die Pfanne gießen. Sobald die Soße stockt, die Käseschnitte damit bedecken. Mit Pfeffer abschmecken und sofort servieren.

Gegrillte Artischocken

Cacocciuli arrustuti

- 6 Artischocken
- Olivenöl
- Salz

Die Spitzen stutzen, die Blätter leicht öffnen und mit Salz abschmecken. Wenn der Holzkohlenglut fertig ist, die Artischocken mit dem Stiel nach oben darauf legen. Sobald die äußeren Blätter verkohlt sind, die Artischocken vom Feuer nehmen. Die schwarzen Blätter entfernen, mit Öl anrichten und sofort servieren.

Artischocken auf bäuerliche Art

Cacocciuli a viddanedda

- 6 Artischocken
- 2 Knoblauchzehen
- 2 gesalzene Anchovifilets
- 1 Handvoll Petersilie
- Olivenöl
- Salz

Die Artischocken putzen: die harten äußeren Blätter entfernen, die Spitzen um einige Zentimeter stutzen und unter fließendem Wasser abwaschen. In mit Zitronensaft (aus einer 1/2 Zitrone) gesäuertes Wasser etwa eine Stunde ruhen lassen. Danach werden die Artischocken mit fein gehacktem Knoblauch, Petersilie, Anchovifilets und Öl gefüllt. In einem Topf mit Salzwasser mit Stiel nach unten eintauchen und 15 Minuten bei milder Hitze kochen lassen. Die Artischocken abkühlen lassen und danach mit Olivenöl anrichten und servieren.

Alternative: Füllung mit Rosinen, Pinienkernen, gehackten Anchovisfilets, gerösteten Semmelbröseln, Pfeffer, Öl und einigen Tropfen Zitronensaft vorbereiten.

Fritierte Artischocken

Cacocciuli fritti

- 6 Artischocken
- 200 g Weizenmehl
- 3 Eier
- Samenöl
- Salz
- Semmelbrösel

Die Artischocken putzen: die harten äußeren Blätter entfernen und die Spitzen einige Zentimeter stutzen. Die Artischocken in vier Scheiben schneiden und einige Stunden in mit Zitronensaft gesäuertes Wasser ruhen lassen. Die Artischocken ca. 5 Minuten im mit Zitronensaft gesäuerten Salzwasser kochen lassen. Abtropfen, in eine Terrine legen und mit Mehl, Eier und Semmelbrösel bestäuben. Nie zu viele Artischocken auf einmal ins heiße Öl tauchen.
Das gilt nur, wenn man dicke Scheiben kocht. Sollen die Artischocken in acht Scheiben geschnitten werden, dann ist kein Vorkochen in Wasser erforderlich.

Alternative: Mehl mit Wasser und Zitronensaft (aus einer halben Zitrone) binden und einen flüssigen Pfannkuchenteig vorbereiten. Mit einer Gabel mischen, bis der Pfannkuchenteig homogen und fädenziehend ist.

Artischocken mit Pfannkuchenteig

Cacocciuli a pastetta

- 4 Artischocken
- 200 g Weizenmehl
- 20 g Hefe
- 1 Prise Zucker
- 1/4 lt Wasser
- 3 Eier
- 1/2 Zitrone
- Salz und Pfeffer
- Samenöl

In einen Topf die Hefe mit 250 ml warmem Wasser auflösen. Weizenmehl und Eier hinzufügen und anrühren. Eine Prise Zucker hingeben und 20 Minuten ruhen lassen. Die Artischocken in 4 Scheiben schneiden und 3 Minuten im mit Zitronensaft gesäuerten Salzwasser kochen lassen. Gut abtropfen und im Pfannkuchenteig wenden. Im erhitzten Öl gut ausbacken. Nie zu viele Artischocken auf einmal ins Öl tauchen.

Disteln mit Pfannkuchenteig

Carduni a pastetta

- 4 Disteln
- 200 g Weizenmehl
- 20 g Hefe
- 1 Prise Zucker
- 1/4 lt Wasser
- 3 Eier
- Salz und Pfeffer
- Samenöl
- 1 gepreßte Zitrone

Die Disteln im mit Zitronensaft gesäuerten Salzwasser bei milder Hitze kochen lassen. Danach gut abtropfen und im Pfannkuchenteig wenden. Den Pfannkuchenteig mit warmem Wasser, Hefe, Mehl, einer Prise Zucker und Eiern vorbereiten und ca. 20 Minuten ruhen lassen. Die Disteln aus dem Pfannkuchenteig nehmen und mit Öl zum Braten ausbacken lassen. Nie zu viele Disteln auf einmal ins Öl tauchen.

Artischockenauflauf

Gattò di cacocciuli

- 10 Artischocken
- 1/2 weiße Zwiebel und eine Handvoll Petersilie
- 3 frische Eier
- Olivenöl
- 50 g geriebener Caciocavallo Käse (Reiterkäse)
- 10 g Rosinen und Pinienkerne
- Muskatnuß
- 1 Prise Salz
- Weizenmehl

Die Artischocken putzen: die harten äußeren Blätter entfernen. Die Artischocken in vier Scheiben schneiden und ca. 10 Minuten in mit Zitronensaft gesäuertem Wasser kochen lassen. Danach abtropfen lassen und würfeln. Die Eier verquirlen und mit Muskatnuß, Käse, Rosinen und Pinienkernen abschmecken.
Öl in einer Pfanne erhitzen und darin Zwiebel bei milder Hitze andünsten lassen. Die Artischocken im Mehl wenden und auf beiden Seiten ausbacken.
Die übrigen Zutaten hinzufügen und wie eine Omelett vorbereiten. Warm servieren oder kalt mit Brotscheiben und mit Salz abgeschmeckt.

* *Bild*

Geschmorter Blumenkohl

Vrocculi affucati

- 1 Blumenkohl
- 2 dl Olivenöl
- 10 schwarze Oliven ohne Stein
- gehackte Knoblauchzehen
- Wasser
- Salz und Pfeffer

Den Blumenkohl gut putzen und in Röschen teilen. Die Röschen mit Oliven, Knoblauch und einer Prise Salz in eine Pfanne legen. Wasser hinzufügen, bedecken und ca. 15 Minuten bei milder Hitze einkochen lassen. Mit rohem Olivenöl und Pfeffer anrichten und servieren.

Blumenkohl in Pfannkuchenteig

Vrocculi a pastetta

- 1 Blumenkohl
- 250 g Weizenmehl
- 15 g Hefe
- 1 Prise Zucker
- 1/4 lt lauwarmes warmes Wasser
- 3 Eier
- Salz und Pfeffer
- Samenöl

Hefe ins warme Wasser auflösen, Mehl hinzufügen und mit einer Gabel gut verquicken. Eier dazu geben und verquirlen. Eine Prise Zucker hinzufügen und ca. 20 Minuten ruhen lassen.

Den Blumenkohl gut putzen und 15 Minuten im Salzwasser mit der Blume nach unten ruhen lassen.

Den Blumenkohl in Röschen ca. 2 Minuten kochen lassen. Nach dem Kochen abtropfen und gut trockentupfen. Die Röschen schneiden und in den Pfannkuchenteig tauchen. Wenige Röschen auf einem in reichlichem erhitztem Öl garen.

Suppe mit Miesmuscheln
Zuppa di cozzi

- 1 kg gewaschene Miesmuscheln
- 300 g geschälte Tomaten
- 4 Knoblauchzehen
- 2 dl Olivenöl
- frisch gehackte Petersilie
- Salz und Pfeffer

Die Miesmuscheln gut waschen und Faden entfernen. In einem Topf alle Zutaten (Tomaten, Knoblauch, Petersilie, Olivenöl und Muscheln) bei milder Hitze bedeckt kochen lassen. Wenn alle Muscheln offen sind, pfeffern und mit Öl und gehackter Petersilie auf gebratenen Brotscheiben servieren.

** Bild*

Gepfefferte Miesmuscheln
'Mpipata di cozzi

- 1 kg heimische Muscheln
- 1 Suppenlöffel Wasser
- Pfeffer

Die Miesmuscheln gut waschen und Faden entfernen. Die Muscheln in einer geräumigen Pfanne mit einem Suppenlöffel Wasser bedeckt kochen lassen. Wenn alle Muscheln geöffnet sind, reichlich mit schwarzem Pfeffer und mit Zitronenvierteln servieren.

Geschmorte Ackerbohnen
Favi a cunigghiu

- 500 g Ackerbohnen
- 5 Knoblauchzehen mit Schale
- 1 lt Wasser
- Olivenöl
- Origano und Salz

Die braune "Augen" entfernen, wenn die Ackerbohnen groß sind. Dann für 15 Minuten in Salzwasser einkochen lassen. Abgießen, ohne jedoch das Kochwasser komplett zu entfernen. Mit Origano bestäuben, Mit einem Schuß Olivenöl anrichten und warm servieren.

** Bild*

Ackerbohnensalat
Favi vugghiuti

- 500 g Ackerbohnen
- wilder Fenchel
- Salz und Pfeffer
- Olivenöl

Wenn die Ackerbohnen groß sind, vor dem Kochen die braunen "Augen" entfernen. Dann für 15 Minuten in Salzwasser mit gemeinem Fenchel einkochen lassen. Sobald die Ackerbohnen weich werden, mit Olivenöl und Pfeffer aus der Mühle servieren.

Kichererbsenfladen
Panelli fritti

- 1 lt Wasser
- 350 g Kichererbsenmehl
- fein gehackte Petersilie
- Samenöl
- Salz und Pfeffer

Das Kichererbsenmehl in einem Liter warmen Salzwassers langsam vermischen, dabei Acht geben, daß sich keine Klumpen bilden. Den Teig mit Petersilie und Pfeffer in einem Topf erhitzen, dabei gut verrühren, bis der Teig nicht fest ist. Mit einem Holzlöffel eine dünne Schicht auf eine Holzfläche oder auf einen Teller ausbreiten. Wenn der Teig kalt ist, kleine Dreiecke schneiden. Die Kichererbsenfladen in reichlich heißem Öl fritieren.

Geschmortes Gemüse der Sizilianischen Art

Frittedda di favi, piseddi e cacocciuli

- 5 Artischocken
- 500 g frische Erbsen
- 800 g frische Ackerbohnen
- 1 Bund Schalotten (oder 1 weiße Zwiebel)
- Wasser
- Salz und Pfeffer
- Olivenöl

Die Artischocken putzen und die härteren äußeren Blätter entfernen. In Würfeln schneiden und ca. 15 Minuten in mit Zitronensaft gesäuertes Wasser legen. Ackerbohnen und Erbsen enthülsen. In einer Pfanne die grob gehackte Zwiebel in heißem Öl andünsten. Artischocken, Erbsen, Ackerbohnen, Salz, Pfeffer, Fenchel und das Wasser hinzufügen. Bei leichter Flamme etwa 30 Minuten garen lassen und öfters rühren. Falls nötig etwa mehr Wasser hinzufügen. Warm mit einem Hauch Olivenöl servieren.

Alternative: Nach dem Kochen einen Löffel Zucker in 1/2 Glas Essig auflösen und gießen. Für einige Stunden ruhen lassen und kalt servieren.

Tip: mit Küchlein vermischen, entsprechend dem Rezept der kurzen Nudeln "al dente".

Salat mit Orangen und Heringen

'Nsalata d'aranci e arenga ovata

- 6 geschälte säuerliche Orangen
- 2 Schalotten
- 150 g grüne Oliven ohne Stein
- 100 g Hering
- Wasser
- Salz
- Olivenöl

Die Orangen schälen und würfeln. Mit einem Messer die weiße dünne Haut abziehen. In eine große Schüssel geben, und dabei die Orangen leicht mit einer Gabel zerdrücken, damit der Saft den Salat versüßt. Die Zwiebel und die Oliven in dünnen Scheiben schneiden, den Hering würfeln. Die Orangen hinzufügen. Mit Salz, Wasser und Olivenöl würzen.

Meeresfrüchtesalat

'Nsalata di mari

- 150 g in Scheiben geschnittene Tintenfische
- 100 g enthülste weiße Krebse
- 200 g gewürfelter Oktopus
- 400 g gewaschene Miesmuscheln
- Olivenöl
- gehackte Petersilie
- Saft aus 3 Zitronen
- Salz und Pfeffer

Krebse, Oktopus und Tintenfisch in reichlichem Salzwasser separat kochen lassen. Die Muscheln platzen lassen. Alle Zutaten in eine Pfanne geben und kalt stellen. Dann mit Olivenöl, Zitronensaft, gehackter Petersilie und Pfeffer würzen. Vor dem Servieren ein paar Stunden ruhen lassen.

Oktopussalat
'Nsalata di purpu

- 1 Oktopus (ca. 1 kg)
- Olivenöl
- 1 Bund gehackte Petersilie
- Salz und Pfeffer
- Zitronensaft

Den Oktopus putzen und seine Fangarme mit reichlich Salz abreiben, um jede Unreinheiten und Schlüpfrigkeit aus den Saugnäpfen zu entfernen. Bevor man den Oktopus kocht, sollte man ihn , Kopf nach oben, drei mal in das bereits gesalzene kochende Wasser eintauchen, damit sich die die Fangärme ringeln. Danach 20 Minuten kochen lassen. In mundgerechte Stücke schneiden und mit Olivenöl, Petersilie und Pfeffer würzen .

* *Bild*

Schnecken mit Petersilie und Knoblauch
Babbaluci d'u Fistinu

- 1 kg Schnecken
- 4 Knoblauchzehen
- 1 kleiner Bund gehackte Petersilie
- 200 g Semmelbrösel
- Olivenöl

Die Schnecken gut waschen und für 24 Stunden in einen Topf mit Semmelbröseln ruhen lassen. Danach unter fließendem Wasser gut abwaschen. Im Salzwasser bei milder Hitze für 15 Minuten kochen lassen. Die Hitze allmählich stärken. Schnecken abtropfen, in einen Topf mit Öl, Pfeffer, Petersilie und gehacktem Knoblauch legen. Bei starker Hitze kurz garen. Abkühlen und für 12 Stunden ruhen lassen, wobei man die Schnecken ab und dann verrühren sollte, damit die den Geschmack annehmen.

Alternative: man kann auch Tomatensoße beifügen.

Panierte Auberginen
Milinciani a cutuletta

- 3 Auberginen
- 4 frische Eier
- Semmelbrösel
- Olivenöl
- 1 Prise Salz
- Weizenmehl

Die Auberginen in ca 1 cm dicke Scheiben schneiden. Abspülen und trockentupfen. In einem Teller Eier mit Salz würzen und verquirlen. Die Scheiben in Mehl, Ei und Semmelbröseln wenden und in reichlich Öl ausbacken. Vor Servieren das überschüssige Öl mit Kreppapier trockentupfen.

** Bild*

Auberginen mit Tomatensoße
Milinciani a canazzu

- 4 Auberginen
- 200 g geschälte Tomaten
- 1 weiße Zwiebel
- Wasser
- Olivenöl
- Salz und Pfeffer

Die Auberginen grob würfeln und ins Salzwasser ca. 15 Minuten lang ziehen lassen. Unter fließendem Wasser abspülen und trockentupfen. In eine Pfanne das Öl, die gehackte Zwiebel, die Auberginen, die gewürfelten Tomaten, eine Prise Salz und den Pfeffer legen. Bei milder Hitze ca. 15 Minuten mit 1/2 Glas Wasser garen. Vor Servieren, abkühlen lassen.

Alternative: Den Auberginen grob gewürfelte Kartoffeln und Paprikaschoten beifügen.

Caponata
'Capunata di milinciani

- 4 mittelgroße Auberginen
- 1 weiße Zwiebel in Würfeln
- 2 Selleriestangen
- 70 g Oliven ohne Stein
- 40 g Kapern aus Pantelleria
- 1 dl Weißweinessig
- 1 Suppenlöffel Zucker
- 1 Suppenlöffel Tomatenmark
- Salz
- Olivenöl

Auberginen grob würfeln, mit Salz bestäuben und in einem Sieb ruhen lassen, bis der bittere Saft abgeflossen ist. In einem Topf den grob gewürfelten Sellerie mit Oliven und entsalzten Kapern 10 Minuten kochen lassen. Abtropfen und Kochwasser aufheben, um die Soße zu verdünnen. Die Auberginen fritieren und aufbewahren. Die Zwiebel 2 Minuten in Öl bräunen lassen und das Hackgemüse hinzufügen. Ca 5 Minuten garen. Essig aufgießen und verdunsten lassen. Zucker und Tomatenmark und das Kochwasser hinzugeben und gut vermengen. Mit Salz abschmecken und weitere 10 Minuten kochen lassen. Danach die gewürfelten Auberginen hinzufügen. Kalt servieren.

Fritierte Auberginen
Milinciani a quagghia

- 4 mittelgroße Auberginen
- Samenöl
- Salz und Pfeffer

Die Auberginen in 6 Scheiben schneiden, ohne sie komplett zu separieren. 25 Minuten lang in Salzwasser ziehen lassen. Abspülen und mit einem Tuch gut trockentupfen. In einer Pfanne die Auberginen einzeln in reichlichem Öl weichbraten. Mit Pfeffer und Salz abschmecken. Warm servieren.

Gegrillte Auberginen mit Minze Dressing
Milinciani 'rrustuti cu a menta e l'agghia

- 4 Auberginen
- 3 gehackte Knoblauchzehen
- 1 Spritzer Essig
- einige Minzblätter
- Olivenöl
- Salz und Pfeffer

Die Auberginen in Scheiben schneiden und 15 Minuten in Salzwasser ruhen lassen. Abspülen und trockentupfen. Die Scheiben auf den Rost legen und auf beiden Seiten grillen. Danach mit Öl, Knoblauch, ein Schuß Essig, Pfeffer und reichlich Minze anrichten.

**Bild*

Auberginenrouladen
Milinciani chini ammugghiati

- 2 Auberginen in Scheiben
- 200 g Tomatensoße
- Samenöl
- Salz

Für die Füllung:
- 50 g geriebener frischer Caciocavallo Käse (Reiterkäse)
- 50 g gehacktes gekochtes Schinken
- 50 g gewürfelte Salami
- 50 g gewürfelte Mortadella
- 10 Scheiben Kastenbrot gewürfelt
- 2 Eier

Die Auberginen in Salzwasser 15 Minuten ruhen lassen. Gut abspülen und trockentupfen. Die Scheiben in reichlichem Öl fritieren. In einer Schüssel die für die Fülle angegebenen Zutaten vermischen. Zu Ovalen Bällchen formen und je ein Bällchen auf eine Scheibe Aubergine legen. Die Scheiben aufrollen und in eine Pfanne legen. Mit Tomatensoße abdecken und im Backrohr gratinieren.

Auberginenauflauf
Milinciani a parmiciana

- 2 Auberginen in Scheiben
- 300 g Tomatensoße
- 150 g geriebener Parmesankäse
- Frische Basilikumblätter
- Samenöl

Die der Länge nach in Scheiben geschnittene Auberginen ins Salzwasser legen und 30 Minuten ruhen lassen. Abspülen, trockentupfen und 2 Minuten in kochendem Öl fritieren.
Eine Auflaufform mit einer Schicht Auberginenscheiben auslegen. Darüber Tomatensoße und Parmesan verteilen und Auberginen noch darüber legen. Mit frischem Basilikum garnieren.

**Bild*

Kleine gefüllte Auberginen
Milincianeddi 'mbuttunati

- 12 kleine Auberginen
- 6 gewürfelte Knoblauchzehen
- 200 g frischer Caciocavallo (Reiterkäse)
- Tomatensoße
- Samenöl
- Frische Minze
- Salz und Pfeffer

Die Auberginen für eine Stunde ins Salzwasser legen wobei das Fleisch mit einem Messer leicht angeschnitten wird. Abspülen und trockentupfen. Die Schnitte mit Knoblauch, Käse, Pfefferminze, Salz und Pfeffer füllen. Für 1 Min. in erhitztem Öl garen. Danach in die vorher zubereitete Tomatensoße legen und 10 Minuten kochen lassen.

Alternative: Die Tomatensoße mit einem in 1/2 Glas Essig aufgelösten Zucker Löffel abschmecken

Auberginen im Öl
Milinciani sott'ogghiu

- 8 kleine Auberginen in Scheiben
- 1 lt Wasser
- 1/2 lt Essig
- Salz
- Olivenöl

Die Auberginen schälen und in Scheiben schneiden. Etwa 15 Minuten in Wasser, Essig und Salz kochen lassen. Abtropfen. Wenn sie trocken sind, in einem Glas schichten und mit Öl abfüllen.
Nach Belieben mit Origano, ein paar Knoblauchzehen (auch gehackt), wenigen Paprika Stückchen abschmecken.

Gewürzte Oliven
Alivi cunzati

- 200 g grüne Oliven
- 2 Löffel Olivenöl extravergine
- 1 Schuß Essig
- 2 Knoblauchzehen
- Frische Minze

Die Oliven zusammendrücken, mit gehacktem Knoblauch, Minze, Essig und Öl anrichten. 3 Stunden vor Servieren vorbereiten.
Je nach Familientradition gibt es verschiedene Versionen, um die Oliven zu würzen. Sie können mit Gemüsegarnierung serviert werden. Oder man kann den Knoblauch durch Basilikum ersetzen und die Minze durch Origano. Eine in Sizilien sehr verbreitete Variante besteht darin, die Oliven in eine Mischung aus Salz und Wasser einzutauchen (1 lt Wasser + 150 g Salz) und in einem großen Konservenglas aufbewahren (wie auch im folgendem Rezept erklärt).

* *Bild*

Zerdrückte Oliven
Alivi scacciati

- 1 kg grüne Oliven
- 1 lt Wasser
- 150 g Salz
- 3 Knoblauchzehen
- 1/2 Löffel Origano

Mit einem Holzlöffel die grünen Oliven zerdrücken und in Wasser (ohne Salz) 3 Tage lang ziehen lassen. Das Wasser täglich erneuern.
Danach weiteres Wasser hinzufügen und noch Salz, Origano, Knoblauch und, nach Belieben, mit einigen Anchovifilets würzen.

Ofenkartoffeln

- 1 kg Kartoffeln
- Olivenöl
- Salz und Rosmarin
- Pfeffer

Die Kartoffeln schälen und würfeln und in einer Auflaufform mit Öl, Salz, Pfeffer und Rosmarin einschichten. Umschichten und im Backrohr auf 180° für ca. 20 Minuten backen.
Nach Belieben eine fein gehackte mittelgroße Zwiebel hinzufügen.

Fritierte Kartoffelkroketten

Cazzilli

- 1 Kg Kartoffeln
- 1 Bund gehackte Petersilie
- 1 Teelöffel Fenchelsamen
- Samenöl
- Salz und Pfeffer
- 3 Eier

Die Kartoffeln im Salzwasser weich kochen. Abgießen, pellen und durch ein Kartoffelsieb pressen. In einer Schüssel das Kartoffelpüree mit Salz, Pfeffer, Petersilie und die Fenchelsamen vermischen. Die Eigelb einzeln daruntermischen. Das Püree zu kleinen zylindrischen Bällchen formen, wobei man sich die Hände zuvor mit Öl einreiben sollte. In reichlich erhitztem Öl fritieren.

Gebratene Paprikaschoten

Pipi a tuttu dintra

- 4 Paprikaschoten
- 2 Zwiebeln
- 300 g geschälte Tomaten
- 1/2 dl Weißwein
- Salz und Pfeffer
- Olivenöl

Die Paprikaschoten grob würfeln und die Samen entfernen. In einer Pfanne die gehackten Zwiebeln in Olivenöl andünsten lassen.
Die Paprikaschoten hinzufügen und bei mittlerer Hitze schmoren. Mit Wein abschrecken. Die zerpflückten Tomaten hinzufügen, mit Salz und Pfeffer abschmecken. Bei milder Flamme weiter 15 Minuten kochen.

** Bild*

Gegrillte Paprikaschoten

Pipi arrustuti

- 4 gelbe und rote Paprikaschoten
- 3 Knoblauchzehen in Vierteln gehackt
- 1 Schuß Essig
- Basilikum
- Olivenöl
- 1 Prise Salz

Die Paprikaschoten auf einen Rost legen und auf beiden Seiten gut grillen. Abkühlen lassen und schälen. Die Paprikaschoten auf einen Teller legen und mit Olivenöl, Knoblauch, Essig, Basilikum und Salz würzen. Mindestens 3 Stunden vor Servieren zubereiten.

Die Paprikaschoten können auch im Backrohr zubereitet werden und mit Zitronensaft statt Essig gewürzt werden.

Gefüllte Paprikaschoten

Pipi chini

- Paprikaschoten
- 1 weiße Zwiebel
- 300 g Semmelbrösel
- 150 g geriebener frischer Caciocavallo (Reiterkäse)
- 1 dl Olivenöl
- 100 g geschälte Tomaten
- 2 gehackte Knoblauchzehen
- Salz
- Wasser

In einer Pfanne Semmelbrösel mit Knoblauch und Öl andünsten. In eine Schüssel die gebräunten Semmelbrösel, den gewürfelten Käse und die Dosentomaten vermischen. Mit Olivenöl und Salz abschmecken. Gut vermischen und beiseite stellen.
Gleichzeitig die halbierten Paprikaschoten entleeren und kurz kochen lassen. Mit der mit der Farce abfüllen und 10 Minuten im Ofen gratinieren lassen. Die Auflaufform mit Öl oder 1/2 Glas Wasser einpinseln. Vor Servieren mit einem Schuß Olivenöl anrichten.

Tomaten auf die bäuerliche Art

Pummarori a viddana

- 8 reife und feste Tomaten
- 1 dl Olivenöl
- 1 Handvoll Basilikum
- 1 Handvoll Petersilie
- 1 Handvoll Minze
- Salz und Pfeffer
- 4 Knoblauchzehen

Die Tomaten halbieren, entleeren und nach unten abtropfen lassen. Kräuter und Knoblauch zusammen hacken, mit Salz und Pfeffer abschmecken.
Die Tomaten in eine eingeölte Auflaufform legen und mit Kräutern abfüllen. Mit Öl anrichten und 20 Minuten in warmem Ofen backen. Warm servieren.

Alternative: die Tomaten mit Semmelbröseln, geriebenem Reiterkäse und gewürfelten Salami füllen.

Gebratene marinierte Sardinen

Sardi a linguati

- 500 g frische Sardinen
- Essig
- Weizenmehl
- Olivenöl

Die Sardinen schuppen und vom Kopf ausgehend nach unten öffnen. Den Schwanz nicht entfernen. Mit dem Daumen sorgfältig die Fische entgräten. Die Sardinen in eine Schüssel legen und ca. 30 Minuten in Essig marinieren lassen. Gut abtropfen, im Mehl wenden und ca. 2 Minuten in erhitztem Öl fritieren.

** Bild*

Genuesische süßsaure Zucchini
Cucuzzeddi agro e duci

- 4 genuesische Zucchini
- 4 gehackte Knoblauchzehen
- Olivenöl zum Würzen
- 1 Schuß Essig
- 1 Abstauben Zucker
- Salz
- Einige Minzblätter
- Samenöl

Die Zucchini teilweise von der grünen Schale befreien und in ca. 1 cm Scheiben schneiden. Folglich in reichlich Öl fritieren. In einer Pfanne Knoblauch in heißem Öl andünsten. Zucker hinzufügen und gut auflösen lassen. Mit Essig abschrecken. Zucchini mit dieser Soße anrichten, abkühlen lassen und mit reichlich Minze servieren.

Gefüllte Zucchini sizilianischer Art

Cucuzzeddi a gratè

- 4 genuesische Zucchini
- 1 weiße Zwiebel
- 300 g Semmelbrösel
- 150 g frischer Caciocavallo (Reiterkäse)
- 100 g geschälte Tomaten
- 1 dl Olivenöl
- Salz und Pfeffer

Die Zucchini halbieren und aushöhlen. In Salzwasser ca. 5 Minuten kochen lassen. Abtropfen lassen und trockentupfen. In einer Pfanne die gehackte Zwiebel andünsten lassen und Semmelbrösel hinzufügen. In eine Schüssel die gerösteten Semmelbrösel mit dem gewürfelten Käse, den Tomaten und dem Öl gut vermengen. Mit Salz und Pfeffer abschmecken. Eine Auflaufform mit Öl einpinseln und darin die mit der Fülle abgefüllten Zucchini legen. Im erhitzten Backrohr für ca. 15 Min. ausbacken.

Süßsauer roter Kürbis

Cucuzza russa agro e duci

- 400 g roter Kürbis
- 4 Knoblauchzehen
- 2 dl Olivenöl
- 1 Schuß Essig
- Frische Minze
- Samenöl
- 1 Prise Salz
- 1 Prise Zucker

Den Kürbis schälen und in 1 cm Scheiben schneiden. In reichlichem Öl braten. In einer extra Pfanne den Knoblauch in Olivenöl goldbraun braten. Zucker hinzufügen und mit Essig abschrecken. Den Kürbis auf einen Teller legen und mit der Soße würzen. Mit der Minze garnieren und kalt servieren.

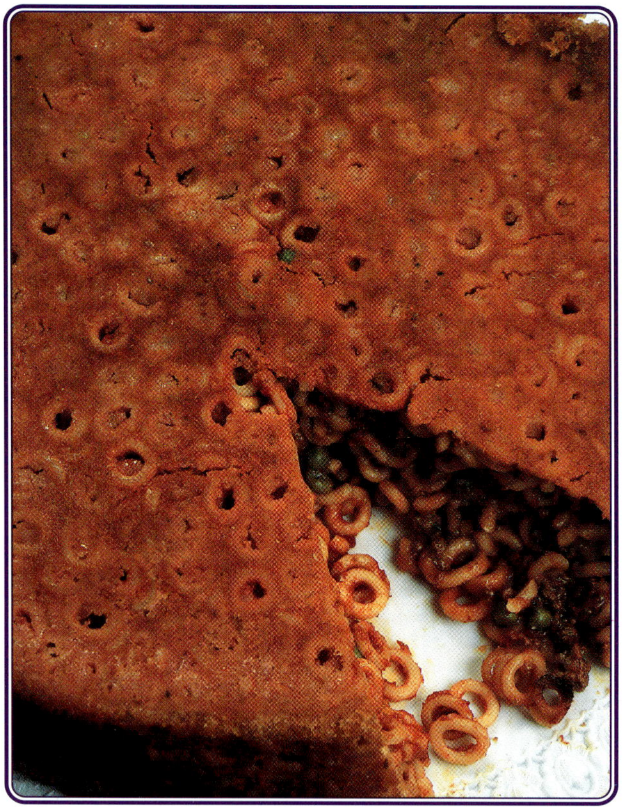

Anelletti mit Hackfleisch
Anelletti cu a carne capuliata

- 400 g anelletti (Nudeln)
- 1 Zwiebel
- 300 g Tomatenmark
- 300 g grob gehacktes Rindfleisch
- 300 g grob gehacktes Schweinefleisch
- 200 g Erbsen
- 250 Salami der Sorte Neapel
- 250 g frischer Primosale Käse (pecorino) (Käse aus Schafmilch)
- 250 g frischer Caciocavallo (Reiterkäse)
- 1 dl trockner Weißwein
- 2 Teelöffel Fenchelsamen
- 2 dl Olivenöl
- Salz und Pfeffer
- Wasser

Die gehackte Zwiebel in Öl bräunen, das Fleisch hinzufügen, braundünsten lassen und mit einem Holzlöffel auseinanderdrücken. Wein aufgießen und verdunsten lassen. Tomatenmark einrühren und mit Wasser verflüssigen. Fenchelsamen hinzugeben und bei milder Flamme 30 Minuten schmoren lassen. Getrennt die Erbsen in Salzwasser kochen. Salami und Käse würfeln. Wenn das Fleisch gut gekocht ist, Salami und Erbsen hinzugeben. Die Anelletti in reichlichem Salzwasser ca. 20 Minuten kochen lassen. Abtropfen und in eine Pfanne mit der Soße legen. Den gewürfelten Käse schnell darunter rühren. Kann auch lauwarm serviert werden.

Alternative: die angerichteten Anelletti in eine eingeölte und mit Semmelbröseln bestäubte Auflaufform hingeben. Mit Öl anrichten und mit Semmelbröseln bestäuben. Eine halbe Stunde im Backrohr ausbacken. Abkühlen lassen und aus der Form nehmen. Lauwarm servieren.

Gefüllte *Cannelloni* Sizilianischer Art (Nudelteigrollen)

- 12 Nudelteigrollen

Für die Füllung:
- 1 Karotte
- 1 Zwiebel
- 2 Selleriestangen
- 2 dl Olivenöl
- 400 g Rinderhack
- 150 g Erbsen
- 1dl Weißwein
- 200 g Tomatenmark
- Salz und Pfeffer
- Wasser

Für die Béchamelsoße:
- 1 lt Milch
- 200 g Butter
- 100 g Weizenmehl
- Salz und Muskatnuß

Die Nudelteigrollen in Salzwasser kochen. Abtropfen und in kaltes Salzwasser tauchen. In einem Topf drei Viertel der Milch mit Salz, Butter und Muskatnuß zum Kochen bringen. In der restlichen Milch Mehl auflösen und zur kochendheißer Milch geben und kochen lassen, bis die Soße sämig ist.
In erhitztem Öl gehackte Zwiebel, Karotte und Sellerie andünsten, Hackfleisch und Erbsen hinzufügen. Gut dünsten und mit Wein abschrecken. Tomatenmark und Wasser hinzufügen, um eine sämige Soße vorzubereiten. Mit Salz und Pfeffer würzen und 20 Minuten bei milder Flamme garen. Die sorgfältig abgetropfelten Teigblätter auf die Arbeitsfläche legen und mit der Farce horizontal abfüllen. Zusammenrollen. Eine rechteckige Auflaufform buttern, die Teigrollen darin legen. Mit Béchamel überziehen, mit einigen Flocken Butter und einer Handvoll Parmesankäse bestäuben. Im Ofen bei ca. 150° C gratinieren und sehr warm servieren.

Blumenkohlsuppe
Pasta cu i vrocculi

- 300 g zerkleinerte Margherita
- 600 g Röschen Blumenkohl
- 4 gehackte Knoblauchzehen
- Wasser
- Olivenöl
- Salz und Pfeffer

Blumenkohl putzen und in sehr kleinen Röschen teilen. Wenige Minuten im Wasser ruhen lassen. Ca. 10 Minuten lang im Salzwasser garen. Nachdem sie weich gekocht sind, die Nudeln hinzufügen und wenig mehr als 10 Minuten kochen lassen. Zuletzt den zuvor in Öl gebräunten Knoblauch beifügen, mit Salz und Pfeffer würzen, gut verrühren und warm servieren.

Sizilianische Suppe mit Brokkoli

Pasta cu i sparaceddi

- 300 g zerkleinerte Margherita
- 2 Brokkolistangel
- 4 Knoblauchzehen
- Wasser
- Olivenöl
- Salz und Pfeffer

Die Brokkoli putzen und die härteren Blätter entfernen. Waschen und in etwa 1 cm lange Röschen schneiden. 30 Minuten in Wasser ruhen lassen, abtropfen und 10 Minuten lang in reichlichem Salzwasser kochen lassen. Knoblauch in Öl andünsten und Brokkoli damit übergießen. Wassermenge kontrollieren. Die Nudeln hineingeben und ca. 10 Minuten lang garen. Abschließend mit Salz und Pfeffer abschmecken und mit reichlichem Kochwasser servieren.

Suppe mit Weißkohl

Pasta cu i cavuli

- 300 g zerkleinerte Margherita
- 2 Bündel Weißkohl
- 4 gehackte Knoblauchzehen
- Wasser
- 2 dl Olivenöl
- Salz und Pfeffer

Weißkohlblätter unter laufendem Wasser waschen und in etwa 1 cm dicke Streifen schneiden, den Strunk schälen und würfeln. Das Gemüse abtropfen und in einen Topf mit kochendem Salzwasser geben. Wenn das Gemüse fast gar ist, die Nudeln hineingeben und weich kochen lassen. Wassermenge regulieren, mit Salz und Pfeffer abschmecken und servieren.

Alternative: Weißkohl mit dem in Öl angedünsteten Knoblauch würzen. In diesem Fall sollte man die Wassermenge evtl. erhöhen, bevor man die Nudel ins Wasser gibt.

Bohnensuppe

Pasta cu i fasola

- 300 g zerkleinerte Margherita
- 500 g getrocknete Bohnen
- 200 g Schweinefett
- 150 g geschälte Tomaten
- 1 Zwiebel
- 1 Selleriestange
- Wasser
- Salz und Pfeffer

Die Bohnen in reichlichem Salzwasser einweichen. Nach etwa 12 Stunden die gewürfelten Tomaten hinzufügen und ca. 15 Minuten bei milder Flamme kochen lassen. In einem extra Topf das Schweinefett, die Zwiebel und den Sellerie andünsten und die Bohnen hinzufügen. Die Wassermenge evtl. erhöhen, mit Salz und Pfeffer abschmecken und Nudeln hineingeben. Die Nudeln ca. 10 Minuten lang kochen lassen. Warm servieren.

Alternative: Man kann auf das Schweinefett verzichten und das Gericht einfach vor dem Servieren mit einem Hauch Olivenöl anrichten.
Man kann auch frische Bohnen verwenden, die genau nach dem gleichen Rezept zubereitet werden.

Ackerbohnensuppe
Pasta cu i favuzzi frischi

- 300 g kleine Jolanda
- 600 g frische Ackerbohnen
- 1 gehackte Zwiebel
- Wasser
- 2 dl Olivenöl
- Salz und Pfeffer

Die kleinen Ackerbohnen enthülsen. Wenn sie weich und klein sind, nicht zerkleinern. In einer Pfanne Zwiebel mit Öl andünsten, Ackerbohnen hinzugeben und komplett mit Wasser bedecken. Salzen und pfeffern und ca. 10 Minuten kochen lassen. Die Nudeln ins Wasser tauchen und ca. 8 Minuten kochen lassen. Warm servieren.

Alternative: die Suppe mit im Öl fritierten Brotscheiben servieren, die dann in die Suppe getunkt werden können.

Linsensuppe

Pasta cu i linticchia

- 300 g kleine Ditalini Nudeln
- 500 g getrocknete Linsen
- 150 geschälte Tomaten
- 1 Handvoll wilder Fenchel
- 1 Zwiebel
- 1 Karotte (nach Belieben)
- 1 Selleriestange (nach Belieben)
- Wasser
- Salz und Pfeffer
- Olivenöl

Die Linsen in einem Topf mit Wasser für 12 Stunden einweichen lassen.
Gehackte Zwiebel und Fenchel hinzufügen und, je nach Wunsch Karotte, Selleriestange und Tomaten beifügen. Bei milder Hitze 15 Minuten kochen lassen. Die Nudeln hinzufügen. Mit Salz und Pfeffer abschmecken und zusätzlich 10 Minuten kochen lassen. Mit einem Schuß Öl anrichten.

Alternative: Die Linsen als Suppe anbieten, wobei man als Beilage in Öl fritierte Brotscheibe servieren kann.

Suppe mit *"Tenerumi"*

Pasta cu i tinnirumi

- 300 g zerkleinerte Margherita
- 2 Bündeln gehackte und geputzte Tenerumi (zarte Zucchini Blätter)
- 4 gehackte Knoblauchzehen
- 150 g geschälte Tomaten
- 1 dl Olivenöl
- Salz und Pfeffer
- 150 g halbreifer Caciocavallo (Reiterkäse)
- 1 Handvoll Basilikum (nach Belieben)

Die geputzten und gehackten Tenerumi etwa 10 Minuten lang in kochendem Salzwasser kochen, dann Nudeln hinzufügen. In einer extra Pfanne die Knoblauchzehen in heißem Öl leicht andünsten und die geschälten und entkernten Tomaten und, je nach Belieben, den Basilikum hinzufügen. Wenige Minuten schmoren lassen. Die Nudeln abgießen und mit der Soße anrichten. Salzen und pfeffern. Vor dem Abstellen den gewürfelten Käse hinzufügen.

Suppe mit Zucchini
Pasta cu a cucuzza

- 300 g zerkleinerte Spaghetti
- 1 langer Zucchini
- 150 g Dosentomaten
- 1 große Zwiebel
- 150 g reifer Caciocavallo (Reiterkäse)
- Wasser
- Olivenöl
- Salz und Pfeffer
- 1 Handvoll frisches Basilikum

Zucchini schälen und würfeln. In eine Pfanne geben, wo zuvor die Zwiebel angedünstet wurde. Die geschälten Tomaten und das Wasser hinzufügen, mit Salz und Pfeffer abschmecken und etwa 18 Minuten lang bei milder Hitze köcheln lassen. Wassermenge kontrollieren, und Nudeln hinzufügen. Zum Schluß wird das Ganze mit gewürfeltem Käse und Basilikum Blätter angerichtet und warm serviert.

Nudeln mit roten Sardellen
Pasta c'anciova russa e a muddica

- 400 g Nudeln
- 40 g Anchovipaste
- 200 g Tomatenmark
- 2 gehackte Knoblauchzehen
- Wasser
- geröstete Semmelbrösel
- Olivenöl
- Salz und Pfeffer

In einer Pfanne die gehackten Knoblauchzehen in Olivenöl andünsten. Anchovipaste hinzufügen bis sie sich gut aufgelöst hat. Tomatenmark hinzufügen. Ein halbes Glas Wasser hinzufügen, salzen, pfeffern und ca. 10 Minuten lang bei milder Hitze garen lassen. Nudel in kochendem Wasser kochen, abgießen, mit Soße vermischen und mit den gerösteten Semmelbrösel servieren.

Alternative: Mit Rosinen und Pinienkernen bekommt die Anchovisoße einen milderen Geschmack.

Nudeln mit Thunfischrogen
Pasta cu l'ovu di tunnu

- 400 g Spaghetti
- 200 gehackte Thunfischrogen
- 4 gehackte Knoblauchzehen
- 1 Handvoll gehackte Petersilie
- 2 dl Olivenöl
- Salz und Pfeffer
- 1 Kochlöffel Kochwasser

Die Nudeln in reichlichem Salzwasser kochen. Das Öl erhitzen und die Knoblauchzehen darin andünsten; Fischeier und ein Löffel des Nudelwassers hinzufügen und mit einem Holzlöffel vorsichtig verrühren.
Mit gehackter Petersilie bestäuben. Die Spaghetti abgießen, dabei ein wenig Wasser zurückbehalten. Die Soße über die Spaghetti geben. Mit Pfeffer abschmecken und eventuell noch mit gehackten Fischeiern garnieren.

Nudeln à "la Carrettiera"
Pasta a carrittera

- 400 g Spaghetti
- 3 Knoblauchzehen
- 4 Löffel Olivenöl
- 1 Handvoll gehackte Petersilie
- Salz, Pfeffer und gehackter Paprika

In einer Tasse die gehackten Knoblauchzehen und die gehackte Petersilie in Öl einlegen und ruhen lassen.
Die Nudeln weich kochen und abgießen. Etwas Wasser zurückbehalten. Mit der Soße anrichten, pfeffern und warm servieren.

Alternative: Knoblauch in Öl andünsten, Petersilie dazu geben und je nach Belieben mit in Wasser aufgelöster Anchovipaste würzen. Mit Pfeffer abschmecken und mit Semmelbröseln bestäuben.

* *Bild*

Nudeln mit Blumenkohl

Pasta cu i vrocculi arriminati

- 400 g Röhrennudeln
- 1 Blumenkohl in Röschen
- 4 Anchovifilets
- 50 g Tomatenmark
- 100 g Rosinen und Pinienkerne
- 1 gehackte Zwiebel
- Blumenkohl Kochwasser
- 2 dl Olivenöl
- Salz und Pfeffer

Die geputzten und geschnittenen Blumenkohlröschen in kochendem Wasser weich kochen. Mit einer Schaumkelle aus dem Kochwasser heben. Abgießen und Kochwasser beiseite stellen. In einem extra Topf die gehackte Zwiebel und die Anchovis in heißem Öl andünsten lassen. Rosinen, Pinienkernen, Tomatenmark und den zuvor gekochten Blumenkohl hinzufügen. Mit einigen Löffeln Kochwasser verflüssigen und den Blumenkohl dabei mit einem Holzlöffel zu einer weichen Püree stampfen. Mit Salz und Pfeffer abschmecken. Im Blumenkohl Kochwasser die Nudeln ca. 8 Minuten lang garen. Abtropfen und mit der zubereiteten Soße anrichten. Ziehen lassen und lauwarm servieren.

Alternative: Tomaten durch Safranpulver ersetzen.

Nudeln mit Miesmuscheln

- 400 g Spaghetti
- 1 kg frische Miesmuscheln
- 2 Anchovifilets
- 4 gehackte Knoblauchzehen
- 1 Handvoll gehackte Petersilie
- 2 dl Olivenöl
- Salz und Pfeffer
- Wasser

Die Miesmuscheln putzen, ihren Faden entfernen und in einen Topf mit einem Suppenlöffel Wasser legen. 5 Minuten lang in einem zugedeckten Topf bei milder Hitze kochen lassen. Den Sud dabei auffangen.
Knoblauch in erhitztem Öl andünsten, die Anchovifilets hinzufügen und auflösen. Die zuvor aus ihrer Schale gelösten Muscheln hinzufügen, pfeffern und mit gehackter Petersilie würzen. Sud hinzugießen und ca. 3 Minuten bei milder Hitze kochen lassen. Die Spaghetti bißfest (al dente) in reichlichem Wasser kochen, abgießen und mit der Soße vermischen.

Nudeln mit getrockneten Ackerbohnen

Pasta cu u macco

- 200 g zerkleinerte Margherita
- 600 g getrocknete Ackerbohnen
- 1 Handvoll gehackter Fenchel
- 1 gehackte Zwiebel
- Wasser
- 2 dl Olivenöl
- Salz und Pfeffer

Die Ackerbohnen mindestens 12 Stunden lang in einen Terrakotta Topf in Wasser einweichen lassen. Zwiebel und Fenchel hineingeben und bei milder Flamme kochen, bis die Soße sämig wird. Zwischenzeitlich die Nudeln kochen, abtropfen und zur Soße geben. Salzen, pfeffern und mit einem Schuß Olivenöl anrichten.

Alternative: mit gewürfelten Tomaten anrichten. Die Nudeln mit in Öl geröstetem Brot servieren.

Fritierte Pasta

- 400 g Spaghetti
- 300 g Tomatensoße
- dl Olivenöl

Die Zubereitung dieses Gerichtes beschränkt sich allein darauf, abgekühlte, zuvor gekochte und mit Tomatensoße vermischten Spaghetti in Öl abzubraten. Das Geheimnis liegt in der knusprigen Kruste. Es ist eine gute Idee, zur Wiederverwertung übriggebliebener Nudeln.

* *Bild*

Nudeln mit Krebsen

Pasta cu i 'ammari

- 400 g Spaghetti
- 20 mittelgroße Krebse
- 200 g geschälte Tomaten
- 1 Schuß Weißwein
- 4 Knoblauchzehen
- 1 Handvoll gehackte Petersilie
- 2 dl Olivenöl
- Salz und Pfeffer

Die Krebse schälen, ohne dabei den Kopf zu entfernen und in einer Pfanne zusammen mit dem Knoblauch andünsten. Mit Weißwein abschrecken und die reifen geschälten Tomaten hinzufügen, mit Salz abschmecken und mit einem Suppenlöffel Wasser verdünnen. Bei milder Hitze ca. 5 Minuten lang kochen lassen. Die Spaghetti bißfest kochen, mit der Soße vermischen und mit gehackter Petersilie bestäuben. Mit den Krebsen garnieren und warm servieren.

Alternative: Krebse durch halbierte Langusten ersetzen. Innereien und Kopfbeutel entfernen. Langusten wie Krebse bereiten.

Nudeln mit Tintenfischschwärze

Pasta cu u nivuru d'i sicci

- 400 g Linguine (Bandnudeln)
- 2 Tintenfische à 300 g
- 4 gehackte Knoblauchzehen
- 1 Schuß Weißwein
- 200 g Tomatenmark
- Wasser
- 2 dl Olivenöl
- Salz und Pfeffer
- Gesalzener Ricotta (nach Belieben)

Die Tintenfische putzen, dabei den Tintenbeutel entfernen und beiseite legen. Die Beutel zerdrücken und die schwarze Soße mit etwas Wasser verdünnen. Die geputzten Tintenfische in Scheiben schneiden und in einer Pfanne mit Knoblauch und Öl andünsten. Wenn goldbraun mit etwa Wein abschrecken, Tomatenmark und Tintenschwärze hinzufügen. Mit Wasser verdünnen, salzen und pfeffern und ca. 15 Minuten bei milder Hitze garen. Die Nudeln in reichlichem Salzwasser bißfest kochen. Die Nudeln mit der Soße vermischen und kurz in der Pfanne schwenken. Warm servieren.

Alternative: die Nudeln mit fein geriebener gesalzener Ricotta bestäuben.

Nudeln mit Auberginen
Pasta alla Norma

- 400 g Penne (Röhrennudeln)
- 2 bis 3 dl Tomatensoße
- 1 gewürfelte mittelgroße Aubergine
- 50 g geriebener Ricotta aus dem Rohr
- Salz und Pfeffer
- Basilikum
- Samenöl

Die Auberginen würfeln und in einer Pfanne mit reichlich heißem Öl weichbraten.
Die Nudeln im Salzwasser bißfest kochen und abtropfen. Dann in der Pfanne mit Ricotta schnell vermengen Die Tomatensoße, gebratenen Auberginen und Pfeffer hinzufügen und nochmals das Ganze verrühren. Auf den Tellern verteilen und mit Basilikum Blättern garnieren.

Nudeln mit Schwertfisch und Minze

Pasta cu pisci spata e amenta frisca

- 400 g Bavette (Bandnudeln)
- 600 gewürfelter Schwertfisch
- 300 g Dosentomaten
- 1 dl Weißwein
- 4 Knoblauchzehen
- Reichlich Minze Blätter
- 2 dl Olivenöl
- Salz und Pfeffer

In einer Pfanne Knoblauch in erhitztem Öl andünsten. Schwertfisch beifügen und goldbraun dünsten. Mit Wein abschrecken und dann die geschälten Tomaten hinzufügen. Salzen pfeffern und mit Minze würzen. Gleichzeitig die Nudeln bißfest kochen, mit der SchwertfischSoße vermengen und warm servieren.

Nudeln mit Sizilianischem *"Pesto"*

- 400 g Spaghetti
- 2 Handvoll Minze
- 2 Handvoll Basilikum
- 50 g Mandeln
- 2 Knoblauchzehen
- 30 g geriebener Caciocavallo
- 1 dl Olivenöl
- Salz und Pfeffer

Basilikum, Minze, Knoblauch und Mandeln in einem Mörtel verstampfen. Die Mischung mit Öl, Caciocavallo, Salz und Pfeffer würzen. Ein paar Stunden ruhen lassen. Spaghetti in reichlich Salzwasser kochen, abgießen und mit der vorbereiteten Soße vermischen. Warm servieren.

Nudeln mit Erbsen
Pasta cu i pisedduzzi frischi

- 400 g Ditali Nudeln
- 500 g enthülste Erbsen
- 2 dl Olivenöl
- 1 fein gehackte Zwiebel
- 1 Safranbeutel (nach Belieben)
- Wasser
- Salz und Pfeffer
- geriebener Parmesankäse oder Pecorino (aus Schafmilch)

Die gehackte Zwiebel in einer Pfanne mit Öl andünsten. Mit einem Suppenlöffel Wasser verflüssigen. Mit Salz und Pfeffer abschmecken und Erbsen hineingeben und 15 Minuten lang kochen lassen. Wenn man ein wenig Farbe geben will, Safran auflösen und beifügen, wobei die Pfanne vom Herd genommen werden sollte. Nudeln kochen, abgießen und mit den Erbsen gut vermengen. Mit geriebenem Käse servieren.

**Bild*

Nudeln mit frischen Tomaten
Pasta cu pummarori a picchiu pacchiu

- 400 g Trenette (schmale Bandnudeln)
- 500 g reife Tomaten
- 4 gehackte Knoblauchzehen
- 1 Handvoll Basilikum
- Olivenöl
- Salz und Pfeffer

Die Tomaten etwa 2 Minuten in kochend heißem Wasser abschrecken damit sich die Haut leichter löst, halbieren und entkernen. Würfeln und in heißem Öl mit Knoblauch andünsten. Mit Salz und Pfeffer würzen. Bei mittlerer Flamme ca. 5 Minuten erhitzen. Abschließend die Tomatensoße mit Basilikumblätter bestäuben. Nudeln im Salzwasser garen, abgießen und mit der Tomatensoße anrichten. Vor dem Servieren schnell verrühren.

Nudeln mit Schweineragout

Pasta cu u porcu a ragù

- 400 g Bucatini
- 400 gehacktes Schweinefleisch
- 1 Zwiebel
- 1 Karotte
- 2 Selleriestangen
- Trockner Weißwein
- 150 g Tomatenmark
- Fenchelsamen
- Wasser
- 2 dl Olivenöl
- Salz und Pfeffer
- 400 g frische Ricotta (nach Belieben)

Gehackte Zwiebel, Karotte und Sellerie in Öl andünsten lassen, Hackfleisch beigeben. Wein hinzugießen und garen lassen. Verrühren und das Fleisch krümelig braten. Tomatenmark hinzufügen und mit Fenchelsamen abschmecken. Mit Wasser verdünnen, bis die Soße ziemlich sämig wird. Zudecken und mindestens 20 Minuten lang bei milder Flamme kochen lassen. Ab und zu mit dem Löffel verrühren. Salzen und pfeffern. Die Nudeln in reichlichem Salzwasser kochen, bißfest abtropfen, mit dem Ragout anrichten und sehr warm servieren.

Alternative: die Nudeln mit zerbröckeltem Ricotta anrichten.
Dieses Gericht ist typisch für das Gebiet um Agrigento, und ist deshalb auch als "Nudeln agrigentiner Art" bekannt.

Nudeln mit Seeigeln

Pasta cu li rizza

- 400 g Spaghetti
- 60 große Seeigel
- 4 gehackte Knoblauchzehen
- 1 Handvoll gehackte Petersilie
- 2 dl Olivenöl
- Ein Schuß trockner Weißwein
- Salz und Pfeffer
- 1 Suppenlöffel Kochwasser

Die Nudeln in reichlich Salzwasser kochen. Gleichzeitig den gehackten Knoblauch in heißem Öl für ca. eine halbe Minute andünsten und mit Weißwein abschrecken. Petersilie und Pfeffer beifügen und mit einem Löffel Kochwasser verdünnen Die bißfesten Nudeln vom Herd nehmen, Wasser abgießen und mit der Soße vermischen. Die Seeigel mit einem Teelöffel herausheben und auf den Nudeln anrichten. Warm servieren.

Nudeln mit frischer Ricotta

Pasta c'a ricotta frisca

- 400 g Nudeln
- 200 g frischer Ricotta Käse
- 2 Suppenlöffel Kochwasser
- Salz und schwarzer Pfeffer oder Paprika
- Geriebener Parmesankäse oder Pecorino

Die Nudeln in reichlich Salzwasser kochen, vom Herd nehmen und Wasser abgießen. In einer Pfanne mit der zuvor in wenig Kochwasser erweichten Ricotta vermischen. Das Gericht mit reichlich geriebenen Käse (Parmesan oder Pecorino) und frisch gemahlenem schwarzem Pfeffer servieren.

Alternative: nach Belieben kann die Soße mit ein paar Teelöffeln Tomatensoße bereichert werden, oder mit Erbsen und Streifen gekochtem Schinken.

Nudeln mit Sardinen (und wildem Fenchel)

Pasta cu i sardi

Obwohl dies ein typisches Gericht der Westküste Siziliens ist, kann es in beliebig vielen Varianten zubereitet werden. Nicht alle verwenden das gleiche Rezept: Einige würzen das Kochwasser mit Safran, bevor sie die Nudeln darin kochen; andere schmecken die Soße mit Tomatenmark ab; einige ziehen die Semmelbrösel vor, andere wiederum gehen sehr großzügig mit den Sardinen um; einige fügen Weißwein hinzu, andere würzen mit geröstete Mandeln. Das folgende Rezept entspricht der beliebtesten Variante:

- 400 g Maccheroncelli
- Eine kleine fein gehackte Zwiebel
- 50 g Olivenöl
- 4 gesalzene Anchovifilets
- 50 g Rosinen und Pinienkerne
- 1 Bündel wilder Fenchel
- 400 g frische Sardinen (ohne Gräten)
- Salz und Pfeffer
- eine Beutel Safran

Die Zwiebel in einer Pfanne mit Öl goldbraun andünsten, die Sardellenfilets darin weich schmoren, bis sie sich auflösen. Rosinen und Pinienkerne hinzufügen und 1 Minute bräunen. Gleichzeitig den Fenchel in reichlich Salzwasser kochen, abtropfen und mit einer Messerspitze fein zerdrücken. Kochwasser aufheben. Die Fenchel mit der zuvor angerichteten Soße vermischen, etwas Kochwasser hinzufügen und etwa 5 Minuten kochen lassen. Abschließend die frischen Sardinen hinzufügen, salzen und Pfeffern und zusätzliche 5 Minuten kochen lassen. Mit Safran würzen. Die Maccheroncelli im restlichen Fenchel-Kochwasser weich kochen. Wenn fertig, abtropfen und mit der Soße vermischen. Das Gericht mit einer geöffneten Sardelle garnieren. Lauwarm servieren.

Nudeln mit rotem Thunfisch

Pasta c'a tunnina

- 400 g Rigatoni
- 300 g frischer Thunfisch oder aus der Dose in Öl
- 50 g Tomatenmark
- 2 Knoblauchzehen
- Wasser
- 1 Schuß trockener Weißwein
- 1 dl Olivenöl
- frische Minze
- Salz und Pfeffer

Knoblauch in einer Pfanne mit heißerm Öl andünsten, gewürfelten frischen Thunfisch oder aus der Dose beifügen, mit Weißwein abschrecken und Tomatenmark hinzufügen. Mit Wasser verdünnen, salzen und pfeffern und bei mittlerer Hitze ca. 15 Minuten kochen lassen. Die Rigatoni in reichlich Salzwasser für ca. 12 Minuten kochen. Abgießen, mit der Soße vermischen und mit reichlich Minze garnieren.

Alternative: Wenn es sich um in Öl eingelegten Thunfisch handelt, mit Zitronensaft bespritzen und mit gehackter Petersilie, entsalzten Kapern und Knoblauch würzen. Auf die Nudeln geben, kurz mischen und servieren.

Nudeln nach Trapaneser Art

Pasta a trapanisi

- 400 g Bavette (schmale Bandnudeln)
- 4 große reife Tomaten
- 4 Knoblauchzehen
- 3 Löffel Olivenöl
- 1 Bund frischer Basilikum
- Salz und Pfeffer

Die Tomaten circa 2 Minuten in kochendem Wasser abschrecken, damit sich die Haut leichter löst. Tomaten halbieren, entkernen und grob würfeln, folglich mit Knoblauch, Basilikum, Salz, Pfeffer und mit Olivenöl vermischen. Die Soße einige Stunden lang ruhen lassen. Die Nudeln in reichlich Salzwasser bißfest kochen, abgießen und mit der Soße vermischen und servieren.

Nudeln mit Venusmuscheln
Pasta cu l'arceddi

- 400 g Spaghetti
- 1 kg frische Venusmuscheln
- 4 Knoblauchzehen in Scheiben
- 1 Bund gehackte Petersilie
- 2 dl Olivenöl
- 1 Schuß trockener Weißwein
- Pfeffer

In einer Pfanne mit erhitztem Öl Knoblauch 30 Sekunden lang dünsten. Die Muscheln hinzufügen und mit Weißwein abschrecken, mit einem Deckel zudecken und kochen lassen. sobald die Muscheln sich öffnen, mit Pfeffer und Petersilie würzen.
Die Spaghetti in reichlichem Salzwasser kochen, abgießen und mit der Vongole-Soße anrichten. Sehr warm servieren.

Nudeln mit gebratenen Zucchini

Pasta c'a cucuzza fritta

- 400 g Trenette (Bandnudeln)
- 1 Zucchini zum Braten
- 200 g Olivenöl
- 1 Bund Basilikum
- Caciocavallo oder Parmesankäse
- Gesalzenes Kochwasser
- Salz und Pfeffer oder Paprika gehackt

In einer Pfanne die etwa 1/2 cm dicke Zucchini Scheiben in reichlich Olivenöl braten und beiseite stellen, wobei ein wenig von dem Öl aufbewahrt werden sollte. Die Nudeln kochen, abgießen und einige Löffel Kochwasser aufheben. Die Nudeln "al dente" servieren. Jede Portion mit gebratenen Zucchini, einem Löffel Kochwasser und einem Löffel gebratenen Öl anrichten. Mit Basilikum, Pfeffer oder Paprika und reichlich geriebenem Käse bestäuben.

Alternative: Ersatzweise mit Auberginen zubereiten.

Lasagne-Auflauf mit Fleisch

- 12 frische Teigblätter

Für die Soße:
- 1 Karotte
- 1 Zwiebel
- 2 Selleriestangen
- 2 dl Olivenöl
- 400 g Rinderhack
- 1dl Weißwein
- 150 g Tomatenmark
- Salz und Pfeffer
- Wasser

Für die Béchamel:
- 1 lt Milch
- 150 g Butter
- 100 g Mehl
- Salz
- 1 Hauch Muskatnuß

In einem Topf die Lasagne kochen und in kaltes Salzwasser legen.
In einer Pfanne drei Viertel der Milch mit Salz, Muskatnuß und Butter kochen. In die restliche Milch Mehl auflösen. Wenn die Milch kocht, das in Milch aufgelöste Mehl hinzufügen und kochen lassen, bis die Soße dickflüssig ist.
In einer Pfanne mit Öl die gehackte Karotte, Zwiebel und Sellerie andünsten. Hackfleisch hinzufügen. Mit Weißwein abschrecken und Tomatenmark hinzufügen. Mit Wasser verdünnen, salzen, pfeffern und ca. 15 Minuten bei mittlerer Flamme kochen lassen.
Eine rechteckige Auflaufform buttern, mit Béchamel aufziehen und 4 Teigblätter darin schichten. Béchamel aufziehen und Fleischsoße daraufgießen. Das Ganze mit Teigblättern abdecken. Die Prozedur einige mal wiederholen. Die letzte Lage sollte aus Béchamel und Fleischsoße bestehen. Im Backrohr bei 150° für ca. 15 Minuten gratinieren. Vor dem Servieren leicht abkühlen lassen.

Nudelauflauf mit Sardinen

- 400 g Maccheroncelli
- 2 Beutel Safran

Für die Soße:
- 1 Bündel wilder Fenchel
- 1 Zwiebel
- 4 Anchovifilets
- 2 dl Olivenöl
- 100 g Rosinen und Pinienkerne
- Salz und Pfeffer
- 300 g frische entgrätete Sardinen
- Kochwasser für Fenchel
- Semmelbrösel

Für die Zubereitung der Soße siehe Nudeln mit Sardinen.
Die Maccheroncelli kochen, abgießen, mit einer Hälfte der vorbereiteten Soße und Olivenöl anrichten.
Eine runde Auflaufform ölen und mit Semmelbröseln bestäuben. Eine Hälfte der Nudeln in dünner Schicht in die Form legen. Die Soße hinzufügen und mit den restlichen Nudeln bedecken. Die obere Schichte mit Öl anrichten und mit Semmelbröseln bestäuben. In Backrohr bei 150°C 15 Minuten backen. Einige Minuten abkühlen lassen und servieren.

Nudelauflauf Sizilianischer Art

- 400 g Anelletti

Für die Soße:
- 1 Karotte
- 1 Zwiebel
- 2 Selleriestangen
- 300 g Tomatenmark
- Wasser
- Olivenöl

Für die Füllung:
- 1 Karotte
- 1 Zwiebel
- 2 Selleriestangen
- 600 g Rinderhack
- 200 g Erbsen
- 1 Schuß Weißwein
- 150 g Tomatenmark
- 150 g frischer Reiterkäse (Caciocavallo)
- Olivenöl und Semmelbrösel
- 1 Aubergine (nach Belieben)
- Salz und Pfeffer
- Wasser

In einer Pfanne gehackte Karotte, Sellerie, Zwiebel und Tomatenmark andünsten lassen. Mit Wasser verdünnen, salzen und pfeffern und ca. 15 Minuten kochen lassen. In einer anderen Pfanne gehackte Karotte, Sellerie und Zwiebel andünsten, Hackfleisch und Erbsen hinzufügen. Mit Wein abschrecken und Tomatenmark hinzufügen. Mit wenig Wasser verflüssigen, damit eine eher trockene Soße entsteht, salzen, pfeffern und ca. 20 Minuten bei mittlerer Hitze kochen lassen.

Die gewürfelte Aubergine braten und den Caciocavallo Käse in kleinen Würfeln schneiden.

Eine runde Auflaufform ölen und mit Semmelbröseln bestäuben.

Die Anelletti in reichlich Salzwasser kochen. Abgießen, mit der Soße anrichten und nach Belieben mit geriebenem Caciocavallo vermischen.

Etwa Hälfte der Nudeln in die Form geben und in die Mitte das gehackte Gemüse, die fritierte Aubergine und den gewürfelten Caciocavallo legen. Mit den restlichen Nudeln zudecken, mit Öl anrichten und mit Semmelbröseln bestäuben. In Backrohr bei 150° ca. 15 Minuten garen. Aus dem Rohr nehmen, kurz abkühlen lassen und servieren .

Lamm im Rohr
Agneddu 'nfurnatu

- 1,500 kg grobgewürfeltes Lammfleisch
- 2 dl Olivenöl
- eine Prise Pfeffer oder gehackte Paprika
- 1 Prise Salz
- 3 dl verdünnter Fleischextrakt
- 2 Knoblauchzehen (nach Belieben)
- 2 dl Weißwein

Öl und andere Gewürze in eine Auflaufform geben. Das Lammfleisch darauf legen und ca. 30 Minuten im Rohr garen. Aus dem Rohr nehmen, Wein und Fleischextrakt hinzugießen und noch 30 Minuten garen. Warm servieren. Als Beilage können gebackene Kartoffeln mit Rosmarin angeboten werden.

Alternative: Lamm kann mit Ziegenlammfleisch ersetzt werden.

Geschmortes Lammfleisch
Agneddu aggrassatu

- 1,500 kg grobgewürfeltes Lammfleisch
- 2 dl Olivenöl
- 2 Zwiebeln
- 3 dl Weißwein
- 3 dl verdünnter Fleischextrakt
- 1 Prise Salz
- 1 Prise Pfeffer
- Wasser

Die gehackten Zwiebeln in einer Auflaufform andünsten, das Fleisch hinzufügen und ca. 5 Minuten bei lauer Flamme rösten. Wein und Fleischextrakt mit ein wenig Wasser hinzugießen. Salzen und pfeffern, die Auflaufform bedecken und 50 Minuten bei milder Flamme braten. Warm servieren.

Alternative: das Fleisch kann wahlweise mit Salbei, Rosmarin und einer Knoblauchzehe gewürzt werden.

Steak mit Essig und Origano
Arrustu all'argintera

- 4 Steaks aus dem Rückenstück à 200 g
- 1 dl Olivenöl
- 4 Knoblauchzehen
- 1 dl Weinessig
- 200 g Semmelbrösel
- Origano
- 1 Prise Salz

Die Steaks ölen und mit Semmelbrösel bestäuben. In einer Pfanne mit Hälfte des Öls die Knoblauchzehen andünsten und das Fleisch darin schmoren. Wenn das Fleisch fast gar ist den Sud abgießen und das restliche Öl hinzufügen. Mit Essig abschrecken, und abschließend mit Origano und Salz würzen. Mit der entstandenen Soße warm servieren.

Steak Palermitanischer Art

Arrustu 'mpanatu

- 4 Steaks aus dem Rückenstück à 200 g
- 300 g Semmelbrösel
- 2 gehackte Knoblauchzehen
- Olivenöl
- 1 Prise Salz
- Origano

In einer Schüssel Semmelbrösel mit Origano, Salz und Knoblauch vermischen. Die Steaks mit Öl einpinseln und in der Panade wenden. Auf beiden Seiten auf einem heißen Rost grillen. Warm servieren: wenn erforderlich, mit Salz noch bestäuben und mit einem Schuß rohem Olivenöl anrichten.

Alternative: Die Steaks mindestens zwei Stunden lang in einer Marinade aus Öl, Zitronensaft, Salz und Pfeffer und Origano ruhen lassen. Das Fleisch einige Minuten auf beiden Seiten auf einem heißen Rost gut grillen. Mit der Marinade anrichten und warm servieren.

Kleine Kalbrostbraten
Braciolittina

- 800 g Kalbfleisch Scheiben (aus dem Hinterstück)
- 2 Zwiebeln
- 2 dl Weißwein
- 2 dl Olivenöl
- 2 dl verdünnter Fleischextrakt
- 1 Prise Pfeffer
- 1 Prise Salz
- 1 Handvoll Petersilie

Die in Scheiben geschnittenen Zwiebeln in heißem Öl andünsten lassen. Das Fleisch hinzufügen und ca. 5 Minuten lang darin braten. Wein und Fleischextrakt hinzugießen. Salzen, pfeffern und zusätzliche 5 Minuten bei milder Flamme braten. Mit reichlich gehackter Petersilie anrichten und warm servieren.

Kaninchen süßsauer
Cunigghiu all'agroduci

- 1 Kaninchen in Würfel geschnitten
- 2 Zwiebeln
- 100 g Zucker
- 4 dl Weinessig
- 1 Prise Salz
- Wasser
- 1 Handvoll gehackte Petersilie
- 2 dl Olivenöl

Die in Scheiben geschnittene Zwiebeln in erhitztem Öl andünsten. Das Fleisch darin ca. 5 Minuten lang garen. Mit Essig abschrecken, Zucker hinzufügen und das Ganze mit Wasser verdünnen. Mit Salz abschmecken und ca. 1 Stunde bei milder Flamme braten. Mit gehackter Petersilie garnieren und warm servieren.

* *Bild*

Kaninchen mit Oliven und Kapern

Cunigghiu apparecchiatu

- 1 Kaninchen in Würfel geschnitten
- Mehl
- 200 g grüne Oliven ohne Stein
- 50 g Kapern
- 25 g Zucker
- 1 Zwiebel
- 2 Selleriestangen
- 2 dl Weinessig
- 200 g geschälte Tomaten
- 2 dl Olivenöl
- Salz und Pfeffer

Das Fleisch im Mehl wenden und in Öl goldbraun braten. Mit Essig abschrecken und und mit Zucker Salz und Pfeffer abschmecken. Einige weitere Minuten lang zugedeckt braten.
In einer Pfanne die grob gehackte Zwiebel, den abgebrühten Sellerie, die gehackten Kapern und Oliven andünsten. Die Tomaten hinzufügen und gut vermischen. Auf das Fleisch gießen. Noch 40 Minuten lang garen und kalt servieren.

Geschmortes Kaninchen

Cunigghiu a stufatu

- 1 Kaninchen in Würfel geschnitten
- 2 dl Olivenöl
- 2 Zwiebeln
- 2 dl Weißwein
- eine Prise Salz
- eine Prise Pfeffer
- 200 g geschälte Tomaten
- Wasser

Die in Ringe geschnittenen Zwiebeln im heißen Öl andünsten. Das Fleisch dazu geben und ca. 5 Minuten bei lauer Flamme braten. Mit Wein abschrecken und Dosentomaten hinzufügen. Das Fleisch darin braten schmoren, mit Wasser verdünnen, salzen, pfeffern und weitere 50 Minuten bei milder Flamme garen lassen. Warm servieren.

Kaninchen mit Rotwein

Cunigghiu cu vinu russu

- 1 Kaninchen in Würfel geschnitten
- 1 Zwiebel
- 2 Selleriestangen
- 1 Karotte
- 2 dl Olivenöl
- 1 dl Rotwein
- 2 dl verdünnter Fleischextrakt
- 1 Prise Salz
- 1 Prise Pfeffer
- Wasser, notfalls

Die gehackte Zwiebel mit dem Sellerie und der Karotte in heißem Öl andünsten. Das Kaninchen dazu geben und ca. 10 Minuten garen. Mit Rotwein und verdünntem Fleischextrakt abschrecken. Salzen, pfeffern und 1 Stunde braten, wobei darauf geachtet werden. daß der Sud nicht trocknet, in diesem Fall mit Wasser verdünnen. Warm servieren

Lammkoteletten gegrillt
Custateddi d'agneddu arrustuti

- 16 Lammkoteletten
- 1 Prise Salz
- 1 Prise Pfeffer

Das Fleisch klopfen, salzen und pfeffern. Auf den Rost legen und bei milder Flamme etwa 10 Minuten grillen. Warm servieren und mit Zitronenvierteln garnieren.

Alternative: Die gleihe Vorgansweise kann aucbei Ziegenlamm verwendet werden.

Schweineschnitzel
Porcu a cotoletta

- 4 gut geklopfte Schweineschnitzel à 100 g
- Weizenmehl
- 1 Ei
- 200 g Semmelbrösel
- 1 dl Weißweinessig
- 1 Prise Salz
- Samenöl

Das Fleisch 2 Stunden in einer Essig Marinade ruhen lassen. Gut abtropfen und in Mehl, im verquirlten Ei und zuletzt in den Semmelbröseln wenden. Im erhitzten Öl auf beiden Seiten gut garen. Warm und mit Zitronenscheiben servieren.

Alternative: Die gleiche Vorgangsweise kann auch bei Hühnerbrüstchen, Truthahn- oder Kalbfleisch angewendet werden.

Schweinskoteletts mit schwarzen Oliven
Custateddi di porcu cu l'alivi nivuri

- 4 Schweinskoteletts à 200 g
- 2 dl Olivenöl
- 100 g schwarze Olive ohne Stein
- 100 g Butter
- 1 dl Weißwein
- 1 dl verdünnter Fleischextrakt

Öl in einer Pfanne erhitzen und die Koteletts bei leiser Flamme braten. Das gebratene Fett entfernen. Butter und Oliven in die Pfanne geben, mit Wein und Fleischextrakt abschrecken. Wenn die Olivensoße gut vermengt ist, das Fleisch damit anrichten und warm servieren.

Paniertes Herz
Cori 'mpanatu

- 800 g Herzscheiben
- Olivenöl
- Semmelbrösel
- 1 Prise Salz

Die Herzscheiben ölen, salzen und in den Semmelbröseln wenden. In eine Pfanne legen und ca. 10 Minuten garen. Mit einem Schuß Öl anrichten und servieren.

Gefüllter Braten

Falsumagru

- 1 etwa 600 g schwere dünne Scheibe mageres Rindfleisch
- 200 g Rinderhack
- 150 g geriebener Caciocavallo oder Pecorino
- 2 hartgesottene Eier
- 100 g Semmelbrösel
- 1 Zwiebel
- 2 dl Rotwein
- Olivenöl
- 1 Prise Salz
- 1 Prise Pfeffer
- Wasser

Das Fleisch auf den Tisch legen, mit einem Folie abdecken und leicht klopfen. In einer Schüssel Hackfleisch, Caciocavallo, Semmelbrösel, Salz und Pfeffer gut vermischen und eine gleichmäßige Füllung zubereiten. Die Füllung auf eine Seite des Fleisches legen und darauf die Scheiben der hartgesottenen Eier anrichten.
Das Fleisch rollen und mit Bindfaden umwickeln.
In einen Schmortopf die Zwiebel in heißem Öl andünsten und das Fleisch darin legen und etwa 2 Minuten rundum gleichmäßig braten. Mit Wein abschrecken und den Saucenfond mit 2 Gläsern Wasser verdünnen.
Für eine halbe Stunde zugedeckt garen lassen.
Abkühlen lassen und Schnüre entfernen. In 2 cm dicke Scheiben schneiden. Den Saucenfond auf das Fleisch geben und servieren.

Leber nach Palermitaner Art
Ficatu a palermitana

- 4 Leberscheiben à 200 g
- Semmelbrösel
- 2 gehackte Knoblauchzehen
- 1 Prise Salz
- 1 Prise Origano
- Olivenöl

Die Semmelbrösel in eine Schüssel legen. Mit Salz, Origano und gehackten Knoblauchzehen würzen und gut verrühren. Die Leberscheiben gut ölen und auf beiden Seiten einbröseln. Ca. 10 Minuten bei milder Flamme auf einem heißen Rost grillen. Warm servieren und mit einem Schuß Olivenöl anrichten.

** Bild*

Leber Süßsauer
Ficatu all'agroduci

- 800 g Kalbleber
- 2 Zwiebeln
- 2 dl Weinessig
- 100 g Zucker
- 1 Prise Salz
- 1 dl Olivenöl

In einer Pfanne mit heißem Öl die Zweibelscheiben andünsten. Die Leberscheiben hinzufügen und bei milder Hitze etwa 5 Minuten garen wobei sie ständig gewendet werden sollten. Mit Salz und in Essig gelöstem Zucker würzen. Warm servieren.

Alternative: Die eingebröselten Scheiben fritieren und in eine Schüssel abwechselnd mit Minzeblätter und Knoblauchzehen schichten. Ein zwei Löffel des Bratöls in der Pfanne lassen und mit Essig und Zucker würzen. Sobald der Zucker flüssig ist, die Soße auf die Leberscheiben gießen. Kalt servieren.

Hühnerschenkel

Gammunedda di gaddina

- 12 Hühnerschenkel
- 500 g enthülste frische Erbsen
- 2 dl Olivenöl
- 1 Zwiebel
- 1 Beutel Safran
- Wasser
- 1 Prise Salz
- 1 Prise Pfeffer

In einem Topf (vorzugsweise aus Terrakotta) die in Scheiben geschnittene Zwiebel in Öl andünsten. Erbsen, Safran und Wasser dazu geben. Salzen und pfeffern und weitere 10 Minuten lang kochen lassen. Die Hühnerschenkel extra in einer Pfanne braten. Sobald sie goldbraun sind zu den Erbsen geben und ca. 20 Minuten bei milder Flamme zugedeckt garen. Sehr warm servieren.

Alternative: Mit dem selben Vorgang können auch Bouletten oder Rouladen (siehe auch "Rouladen mit Ragout") zubereitet werden.

Gebratenes Rundstück nach palermitanischer Art

Lacerto aggrassatu a palermitana

- 1 kg Kalbrundstück
- 2 weiße Zwiebel
- 3 dl trockner Weißwein
- 2 dl Olivenöl
- 1 Löffel Tomatenmark
- 1 Zweig Rosmarin
- 3 zerbrochene Blätter Lorbeer
- 1 Prise Salz
- 1 Prise Pfeffer

Die fein gehackte Zwiebel in Hälfte des Öls bei milder Flamme andünsten. In einer extra Pfanne das Fleisch mit den Gewürzen goldbraun braten. Die bereits geschmorten Zwiebeln und das Tomatenmark hinzufügen und das Ganze mit Wein abschrecken. Mit Salz und Pfeffer abschmecken und ca. 90 Minuten garen. Das Fleisch aus der Pfanne nehmen und in Scheiben schneiden. Den Fond mit einem Holzlöffel zerdrücken, bis eine Art Zwiebelpüree entsteht. Eventuell ein Stückchen Butter beifügen. Auf das Fleisch gießen und warm servieren.

Alternative: Ersatzweise mit magerem Schweine- oder Hühnerfleisch zubereiten.
Außerdem kann man mit dem Saucenfond Nudeln (wie Spaghettini oder Linguine, Bandnudeln) anrichten. In diesem Fall die Nudeln mit geriebenem Parmesankäse bestäuben.

Kalbskopf Salat

- 600 g Kalbskopf (aus Schnauze und Kiefer)
- 2 Zitronen
- Olivenöl
- 1 Prise Salz
- 1 Prise Pfeffer

Den bereits gekochten Kalbskopf in einer Metzgerei kaufen. Auf einen großen Teller legen. Mit einer Mischung von Öl, Zitronensaft, Salz und Pfeffer anrichten. Salat gut vermengen, ein paar Stunden ruhen lassen und kalt servieren.

Alternative: Man kann den Salat auch mit gewürfelten Tomaten, entkernten grünen Oliven, Sellerie Streifen, oder was man auch immer will bereichern.

Rouladen
Bruciulittina

- 16 kleine Kalbfleischscheiben à 30 g
- 100 g Mortadella
- 100 g Schinken
- 100 g Salami Typ Neapel
- 100 g frischer Caciocavallo
- 10 Scheiben Kastenbrot
- 3 Eier
- Lorbeerblätter
- Zwiebel in Scheiben
- Olivenöl
- Salz

Salami, Schinken, Mortadella, Brot und Käse würfeln. In eine Schüssel geben und die Eier einarbeiten, bis eine gleichmäßige Füllung entsteht. Die Scheiben mit der Füllung belegen und zusammenrollen, wobei die beiden Enden umgecknickt werden müssen, damit die Füllung beim Braten nicht verloren geht. Die kleinen Rouladen auf einem langen Zahnstocher aufspießen und wechselweise mit Lorbeer und Zwiebelscheiben garnieren. In Öl und Semmelbröseln wenden. Bei milder Flamme auf dem Rost ca. 10 Minuten grillen. Mit einem Schuß Öl warm servieren.

Alternative: Ersatzweise kann man eine Füllung aus Semmelbröseln, Parmesankäse (oder Caciocavallo), Öl und mit einer mit Petersilie angedünsteter kleinen Zwiebel zubereiten. Die Rouladen können auf dem Rost gegrillt, im Backrohr gebacken oder in einer Pfanne gegart werden. In diesem Fall einen Schuß Öl und trockenen Weißwein hinzugießen.

Rouladen mit Ragout

Bruciulittina a ragù

- 8 Kalbscheiben à 100 g
- 2 Zwiebeln
- 100 g Pinienkerne
- 100 g Rosinen
- 100 g geschälte Tomaten
- 2 dl Olivenöl
- 100 g geriebener Caciocavallo
- 100 g frischer Caciocavallo
- 1 Prise Salz
- Kastenbrot
- 2 Selleriestangen
- 2 Karotten
- 1dl trockner Weißwein
- 300 g Tomatenmark
- Wasser
- 1 Prise Pfeffer

Das zerbröckeltes Brot, eine Prise Salz und den geriebenen Käse in eine Schüssel legen. In einer Pfanne die Zwiebel in erhitztem Öl andünsten, die Rosinen und die Pinienkerne dazu geben. Das Ganze in einer Schüssel zusammen mit den Dosentomaten und dem gewürfelten frischen bis eine gleichmäßige Füllung entsteht. Das Fleisch klopfen und die Scheiben mit der Füllung belegen und so zusammenrollen, daß die Füllung nicht rausfallen kann. Die Rouladen mit einem langen Zahnstocher feststecken oder mit einem Bindfaden umwickeln.
Für das Ragout eine gehackte Zwiebel, Sellerie und Karotte im Öl bräunen. Tomatenmark hinzufügen und mit Wasser verdünnen. Salzen, pfeffern und 10 Minuten bei milder Hitze garen. Die Rouladen in erhitztem Öl goldbraun braten mit einem Schuß Wein abschrecken und Ragout dazugießen. Das Ganze weitere 10 Minuten kochen lassen. Das Fleisch mit der Ragout-Soße warm servieren.

Gesottenes vom Rindfleisch
Carni vugghiuta

- 1 kg Rinderfleisch
- 2 Selleriestangen
- 2 Zwiebeln
- 5 Karotten
- 5 reife Tomaten
- eine Prise Salz
- Wasser
- 2 dl Marsala (nach Belieben)

Das Fleisch in einen Topf legen. Die Karotten, die Sellerie, die Tomaten und die Zwiebeln hinzufügen. Mit Wasser bedecken und etwa eine Stunde bei milder Flamme kochen lassen. Mit Salz abschmecken. Nach Belieben mit Marsala abschrecken und mit Kochbrühe warm servieren.

Gemischtes Schweinefleisch mit Ragout

Porcu a ragù

- 4 frische Würste
- 500 g Schweineschwarte
- 300 g Schweineschnitzel
- 400 g Tomatenmark
- 1 dl Olivenöl
- 2 Karotten
- 2 Selleriestangen
- 1 Zwiebel
- Wasser
- 1 Prise Salz
- 1 Prise Pfeffer
- 15 g Fenchelsamen
- 2 dl Weißwein

Gehackte Zwiebel, Sellerie und Karotte einige Minuten lang in einer Pfanne (vorzugsweise aus Terrakotta) andünsten. Die gewürfelte Schnitzel und die gehackte Schwarte in die Pfanne legen und leicht anbraten. Mit Wein abschrecken und einige Minuten braten. Das Tomatenmark hinzufügen, gut vermischen, und mit Wasser verflüssigen, bis eine mitteldicke Soße entsteht. Mit Salz und Pfeffer abschmecken, weitere 15 Minuten mit den Fenchelsamen garen. Sollte die Soße zu dick werden, mit ein wenig Wasser verdünnen. Die Würste würfeln und in die Pfanne legen. Zusätzliche 10 Minuten kochen lassen. Sehr warm servieren.

Alternative: Wer ein leichteres Gericht haben möchte, kann die Schwarte weglassen und die Schnitzelmenge verdoppeln.

Huhn mit Tomaten

Gaddu cu u pummaroru

- 1 gewürfeltes Huhn
- 4 reife entkernte und geschälte Tomaten
- 1 Zwiebel
- 1 Knoblauchzehe
- 2 dl Olivenöl
- 1 Prise Salz
- 1 Prise Pfeffer
- gehacktes Basilikum oder Petersilie
- 2 dl Weißwein

Das Huhn mit der gehackten Zwiebel, dem Knoblauch und dem Öl braten. Die Tomaten hinzufügen, mit Salz und Pfeffer abschmecken und Wein abschrecken. 30 Minuten bei leichter Hitze rundum braten. Dabei achten, daß das Huhn nicht anbrät. Notfalls mit einigen Löffeln Wasser verflüssigen. Warm servieren und mit einigen Blättern Basilikum oder gehackter Petersilie garnieren.

Alternative: Es können 4 gewürfelte und im erhitzten Öl gebratene gelbe und grüne Paprikaschoten dem Hühnerfleisch beigefügt werden. Oder man kann die Soße mit 100 g schwarzen Oliven und einer Prise Origano verfeinern.

Fritierte Fleischbällchen

Purpetti fritti

- 800 g Rinderhack
- 1 Zwiebel
- 6 Scheiben Kastenbrot
- 1,5 dl Milch
- 150 g geriebener Caciocavallo
- 3 Eier
- 1 Bund gehackte Petersilie
- 1 Prise Pfeffer
- 1 Prise Salz
- Samenöl und Olivenöl

Hackfleisch, gehackte Zwiebel, das in Milch eingeweichte Brot, Käse, Petersilie, Pfeffer und Eier in eine Schüssel legen. Gut vermengen, bis eine gleichmäßige Menge entsteht. Zu kleinen Bällchen formen, leicht drücken, in reichlichem Öl braten. Warm servieren.

Alternative: die fritierten Bällchen in die Tomatensoße tauchen, einige Minuten kochen und mit frischen Basilikum Blättern garnieren.

Fleischbällchen mit Ragout

Purpetti a ragù

- 800 g Rinderhack
- 2 Zwiebeln
- 8 Scheiben Kastenbrot
- 2 dl Milch
- 150 g geriebener Parmesankäse
- 1 Prise Salz
- 1 Prise Pfeffer
- 3 Eier
- 1 Bund gehackte Petersilie
- Samenöl zum Braten
- 2 dl Olivenöl
- 2 Selleriestangen
- 2 Karotten
- 300 g Tomatenmark
- 2 dl Weißwein
- Wasser
- eine Prise Muskatnuß

Hackfleisch, Eier, Salz, Pfeffer, gehackte Petersilie, das in Milch eingeweichte Brot, Parmesankäse und Muskatnuß in eine Schüssel geben. Alle Zutaten gut verkneten, bis eine gleichmäßige Menge entsteht.

Ca. 40 g schwere Medaillons formen. Wenige Minuten in Öl braten und mit Wein abschrecken. Danach in ein wie folgt zubereitete Ragout tauchen: Zwiebel, Karotten und Sellerie fein hacken und im Olivenöl andünsten. Das Tomatenmark hinzufügen und mit Wasser verdünnen. Mit Salz und Pfeffer abschmecken und ca. 15 Minuten kochen lassen. Warm servieren.

Falscher Hase

Purpittuni

- 1 kg Rinderhack
- 1 Zwiebel
- 5 Scheiben Kastenbrot
- 1 dl Milch
- 150 g geriebener Caciocavallo
- 250 g frischer Caciocavallo
- 150 g gekochtes Schinken
- 1 Prise Salz

Hackfleisch, das in Milch eingeweichte Brot und den geriebenen Käse in eine Schüssel geben und gut verkneten, bis eine gleichmäßige Menge entsteht. Die Farce auf eine geölte Alu-Folie legen und zu einem länglichen Brot formen. In der Mitte mit den Fingern eine Art Kanal aushöhlen und mit frischem Caciocavallo, Zwiebel und Schinken Streifen füllen. Den Kanal wieder schließen und in die Alu-Folie gut einwickeln. In Backrohr für ca. 15 Minuten bei 180°C braten. Aus dem Rohr nehmen, 10 Minuten abkühlen lassen. In Scheiben schneiden und servieren.

Palermitanische Wurst
Sasizza a palermitana

- 12 Würste
- 200 g Semmelbrösel
- 1 Prise Origano
- Olivenöl
- 2 gehackte Knoblauchzehen

Mit einem Messer die Würste der Länge nach halbieren. Öffnen und beide Seiten ölen. In den mit Knoblauch und Origano angerichteten Semmelbröseln wenden. Beide Seiten auf einem heißen Rost grillen. Sehr warm servieren und mit einem Schuß Olivenöl anrichten.

Bratwurst mit Weißwein
Sasizza fritta cu vinu

- 12 Schweinewürste
- 1 dl Olivenöl
- 50 g Margarine
- 1 dl Weißwein
- Wasser
- 2 dl verdünnter Fleischextrakt

Die Würste zu einem Rad formen und mit Holz- oder Metallstochern feststecken. Die Würste mit einer Gabel leicht anpiecksen. Die Würste in eine Pfanne mit Wasser legen und bei milder Hitze ca. 10 Minuten kochen. Wasser abgießen, Öl und Margarine dazu geben und auf beiden Seiten gut braten. Mit Weißwein und Fleischextrakt abschrecken und zusätzliche 5 Minuten braten lassen.

* *Bild*

Kalbsschnitzel
"Conca d'oro"
Sgaloppina a la conca d'oru

- 8 Kalbschnitzel à 70 g
- 8 Scheiben Auberginen
- 8 Scheiben Schnittkäse
- 50 g Tomatensoße
- 1 dl Olivenöl
- 50 g Margarine
- 1 Prise Salz
- Basilikum Blätter

In einer Pfanne mit Öl und Margarine die Kalbschnitzel auf beiden Seiten braten und mit Salz abschmecken. Gleichzeitig die Auberginen fritieren. Die Kalbschnitzel mit jeweils einer Scheibe Aubergine und einer Scheibe Käse belegen. Im Backrohr schmelzen lassen und das Ganze mit Tomatensoße befeuchten. Mit je einem Blatt Basilikum garnieren und warm servieren.

Kalbsschnitzel mit Zitronensaft

Sgaloppina cu limiuni

- 8 Kalbschnitzel à 70 g
- 1 dl Olivenöl
- 100 g Margarine
- Saft aus 4 Zitronen
- 1 Prise Salz
- 1 Prise Pfeffer

In einer Pfanne mit Öl und Hälfte der Margarine die Scheiben auf beiden Seiten braten. Das Öl abgießen, die restliche Margarine und den Zitronensaft hinzufügen. Mit Salz und Pfeffer abschmecken und das Fleisch mit seiner Soße warm servieren.

Alternative: Für ein leichteres Gericht empfiehlt es sich, das Fleisch mit Mehl zu bestäuben und im Öl zu braten. Zitronensaft hinzufügen, mit Salz und Pfeffer abschmecken und vor dem Servieren mit einem Stückchen Butter garnieren.

Kalbsschnitzel mit Marsala

Sgaloppina cu a Marsala

- 8 Kalbschnitzel à 70 g
- 1 dl Olivenöl
- 100 g Margarine
- 1 dl Marsala
- Salz
- 2 dl verdünnter Fleischextrakt

Die Schnitzel in einer Pfanne mit Öl und Hälfte der Margarine auf beiden Seiten braten. Das Öl abgießen, den verdünnten Fleischextrakt und die restliche Margarine hinzufügen. Das Ganze mit Marsala abschrecken. Etwa 5 Minuten braten und sehr warm servieren.

Alternative: siehe auch die in der Alternative zu "Kalbsschnitzel mit Zitronensaft" angegebene Vorgangsweise.

Würzfleisch aus Ziegenlamm mit Kartoffeln

Spizzatinu di crapettu cu i patati

- 1,500 kg grobgewürfeltes Ziegenlammfleisch
- 1 kg grobgewürfelte Kartoffeln
- 2 Zwiebeln
- 2 dl Olivenöl
- 2dl Weißwein
- Wasser
- 1 Prise Pfeffer
- 1 Prise Salz
- 1 Beutel Safran

Die gehackten Zwiebeln in Öl andünsten, das Fleisch hinzufügen und bei milder Hitze 5 Minuten goldbraun braten. Mit Wein abschrecken, Safran bestäuben und Wasser verflüssigen. Nach weiteren 5 Minuten die gewürfelten Kartoffeln hinzufügen und 40 Minuten garen lassen, bis Fleisch und Kartoffeln gar sind und die Soße sämig wird. Warm servieren.

Würzfleisch mit Kartoffeln

Spizzatinu cu li patati

- 1 kg grobgewürfeltes Rind- fleisch
- 2 Zwiebeln
- 2 dl Olivenöl
- 2 dl trockner Weißwein
- 50 g Tomatenmark
- 1 Prise Salz
- 1 Prise Pfeffer
- 1 kg grobgewürfelte Kartoffeln

Die Zwiebeln klein hacken und in einer großen Pfanne in Öl andünsten. Das Fleisch hinzufügen und 5 Minuten garen. Mit Wein abschrecken, das verdünnte Tomatenmark, Salz und Pfeffer hinzufügen. Bei milder Flamme etwa 30 Minuten braten. Die Kartoffeln dazu geben und, notfalls, mit Wasser verflüssigen. Zusätzliche 30 Minuten garen, bis die Kartoffeln sämig aussehen. Warm servieren.

Fleischspießchen mit Zeder

Spitini di capuliatu

- 600 g Rinderhack
- 4 Scheiben Brotkasten
- 100 g Parmesankäse
- 1 gehackte Zederschale
- Saft aus 5 Zedern
- 150 g Butter
- 2 dl Olivenöl
- 150 g Margarine
- Zederblätter
- Salz
- 2 Eier

Das Hackfleisch in eine Schüssel legen. Das geriebene Brot, den Käse, die Zederschale, eine Prise Salz und die Eier hinzufügen. Die Zutaten gut verkneten, bis eine gleichmäßige Menge entsteht. Zu kleinen Bällchen formen und abwechselnd mit den Zederblättern auf einem Holzstäbchen aufspießen.
Die Margarine in erhitztem Öl schmelzen und die Spießchen darin ca. 12 Minuten braten. Wenn das Fleisch fast gar ist, Fett abgießen, Butter und Zedersaft hinzufügen. Weitere 2 Minuten braten, wobei darauf geachtet werden muß, daß die Butter nicht schwarz wird. Mit Zedersoße warm servieren.

Gemischte gegrillte Brochettes

Spitini arrustuti

- 5 Würste
- 400 g mageres Schweinefleisch
- 200 g geräucherter Bacon
- 200 g Paprikaschoten
- 200 g Kalbleber
- 1 Prise Salz
- 1 Prise Pfeffer

Die Zutaten in etwa 3-4 cm große Stückchen würfeln und abwechselnd auf Holzstäbchen aufspießen.
Die geölten Brochettes eventuell salzen und 15 Minuten lang auf dem Rost bei milder Hitze braten. Oft wenden. Warm servieren.

Gebratene Schweinshachse

Coscia di porcu a furnu

- 4 Schweinshachsen
- 3 dl verdünnter Fleischextrakt
- 1 dl Olivenöl
- 1 Schuß Weißwein
- eine Prise Salz
- eine Prise Pfeffer
- Zweig Rosmarin

Die Hachsen mit einem Messer leicht einritzen und die Einschnitte mit den Gewürzen füllen. Das Fleisch in eine geölte Schüssel legen und ca. 20 Minuten im Backrohr braten. Mit Wein und Fleischextrakt abschrecken und weitere 10 Minuten garen. Warm servieren.

Kuddeln auf die Olivetana Art

Trippa all'alivitana

- 600 g Kuddeln
- 2 Zwiebel
- 2 dl Olivenöl
- 300 g geschälte Tomaten
- 150 geriebener Caciocavallo
- 100 g Semmelbrösel
- 1 Prise Salz
- 1 Prise Pfeffer
- Wasser

In einer Form die gehackte Zwiebel in Öl andünsten; die in Streifen geschnittenen Kuddeln dazu geben und ca. 10 Minuten bei milder Hitze kochen. Die Dosentomaten hinzufügen und mit Wasser verdünnen. Zusätzliche 5 Minuten kochen lassen.
Wenn die Kuddeln trockner werden, mit Käse, Salz und Pfeffer abschmecken.
Noch einige Minuten garen und mit gerösteten Semmelbröseln bestäuben.
Warm servieren.

Alternative: Caciocavallo und Semmelbrösel mit Parmesankäse ersetzen und mit Basilikumblättern garnieren.

Fritierter Albakore

Alalonga fritta

- 4 Scheiben Albakore à 200 g
- Olivenöl
- 1 Prise Salz
- Hartweizenmehl

In einer Pfanne Öl gut erhitzen und die in Mehl panierten Fischscheiben darin 5 Minuten lang auf beiden Seiten braten. Mit Kreppapier das überschüssige Fett aufsaugen. Mit Salz abschmecken und mit Zitronenspalten warm servieren.

Bernsteinfisch auf dem Rost

- 4 Scheiben Bernsteinfisch à 200 g
- 1 dl Olivenöl
- 1 Prise Salz
- 1 Handvoll gehackte Petersilie

Den Fisch ölen, salzen und auf einem heißen Rost grillen.
Auf beiden Seiten für insgesamt 10 Minuten auf lauer Flamme grillen. Mit einem Schuß Öl und der gehackten Petersilie warm servieren.

Klippfisch süßsauer

Baccalaru in agro e duci

- 800 g in Würfel geschnittener und entsalzener Klippfisch
- 2 Zwiebeln
- 2 dl Essig
- 50 g Zucker
- Wasser
- 6 dl Olivenöl
- 1 Handvoll gehackte Petersilie
- Hartweizenmehl
- Salz

Den Fisch 10 Minuten lang kochen lassen, Haut und Gräten entfernen. Mit Mehl leicht bestäuben. In einer Pfanne Öl erhitzen, Fisch reingeben und 10 Minuten auf beiden Seiten braten. Auf eine Servierplatte legen. In einer extra Pfanne Zwiebel mit Wasser und Salz andünsten und Zucker hinzufügen. Wenn der Zucker aufgelöst ist, Essig hinzugießen. Den Fisch mit dieser Soße anrichten und die Platte mit Petersilie garnieren. Kalt servieren.

Fritierter Klippfisch
Baccalaru frittu

- 800 g entsalzener Klippfisch
- Hartweizenmehl
- Olivenöl
- 1 Prise Salz

Fisch in Wasser kurz kochen, Haut und Gräten entfernen. Grob würfeln und in Mehl wenden.
Das Öl in einer Pfanne erhitzen und den gewürfelten Fisch hinzufügen. Für ca. 12 Minuten bei milder Flamme braten. Gut abtropfen und mit Salz abschmecken.
Warm servieren.

Klippfisch mit Tomatensoße und Semmelbrösel
Baccalaru a sfinciuni

- 800 g gewürfelter Klippfisch
- 3 Zwiebeln
- 4 dl Olivenöl
- 200 g Tomatenmark
- 50 g Anchovifilets
- 100 g Semmelbrösel
- 1 Prise Salz
- 1 Handvoll Petersilie
- 1dl Essig
- Wasser

Den Fisch in dem mit Essig und Petersilie gewürzten Wasser kochen. Abtropfen, Haut und Gräten entfernen. In eine geölte Schüssel legen.
Mit dem restlichen Öl die gehackte Zwiebel in einer extra Pfanne andünsten, die Filets hinzugeben und weichschmoren. Tomatenmark hinzufügen. Mit Wasser verdünnen. Die Soße salzen und pfeffern.
Etwa 15 Minuten bei milder Hitze garen, bis die Soße leicht dickflüssig ist. Den Fisch in einer Form mit der Soße anrichten und den Semmelbröseln bestäuben. Im Backrohr bei 180°C etwa 12 Minuten backen. Lauwarm servieren und mit frisch gehackter Petersilie garnieren.

* *Bild*

Fritierte Kalmare
Calamari fritti

- 4 Kalmare à 300 g
- Hartweizenmehl
- Olivenöl
- 1 Prise Salz

Die Kalmare entleeren und von den Innereien säubern. In Ringe schneiden, im Mehl wenden und in reichlichem Öl goldgelb fritieren.
Warm servieren mit einer Prise Salz und Zitronenvierteln.

Kalmare auf Liparische Art
Calamari a' liparota

- 4 Kalmare à 300 g
- 1 Zwiebel
- 2 dl Olivenöl
- 2 dl Weißwein
- 1 Beutel Safran
- 30 g gehackte entsalzte Kapern
- 1 Prise Salz
- 1 Prise Pfeffer
- Wasser
- 1 Handvoll gehackte Petersilie

Die Kalmare entleeren und von den Innereien säubern. In Ringe schneiden, in einer Pfanne Öl erhitzten und die Zwiebel darin andünsten. Die Kalmare ins Öl tauchen und 5 Minuten ausbacken. Mit Weißwein bespritzen, Kapern und Safran hinzugeben. Den Fond mit Wasser verdünnen. Salzen, pfeffern und weitere 12 Minuten kochen lassen. Die Kalmare mit ihrem Kochfond warm servieren. Mit reichlich frisch gehackter Petersilie garnieren.

** Bild*

Gefüllte Kalmare

Calamari chini

- 4 Kalmare à 300 g
- 13 Scheiben Kastenbrot
- 50 g Rosinen und Pinienkerne
- 100 g geriebener Parmesankäse
- 3 Eier
- eine Handvoll gehackte Petersilie
- 4 Knoblauchzehen
- 400 g geschälte Tomaten
- 2 dl Olivenöl
- 1 Handvoll frische Pfefferminze
- Salz
- 2 Zwiebeln

Die Kalmare entleeren, von den Innereien säubern und ihre Greifarme für die Füllung beiseite legen. In eine Schüssel das zerbröckelte Brot, den Parmesankäse, eine Prise Salz und die gehackte Petersilie geben. In einer Pfanne Zwiebel, gehackte Fangarmen, Rosinen und Pinienkernen andünsten lassen. Nach wenigen Minuten die Mischung in eine Schüssel geben und mit den Eiern sorgfältig vermengen, bis eine gleichmäßige Menge entsteht. Die Kalmare mit dieser Farce füllen und mit einem Zahnstocher feststecken. Die Zwiebel im erhitzten Öl andünsten. Tomaten hinzugeben, mit Salz, Pfeffer und Minze abschmecken. Zehn Minuten lang garen lassen. In einer Pfanne die Kalmare im erhitzten Öl braten. In die Tomatensoße tauchen und noch 20 Minuten bei milder Hitze kochen lassen. Mit ihrer Soße warm servieren.

Gebratener Zachenbarsch mit schwarzen Oliven

Cernia e alivi nivuri 'nfurnati

- 4 Scheiben Zachenbarsch à 200 g
- 6 Knoblauchzehen
- 200 g schwarze Oliven ohne Steine
- 2 dl Weißwein
- 2 dl Olivenöl
- 1 Prise Salz
- 1 Prise Pfeffer

In einen Topf Öl erhitzen und die ganzen Knoblauchzehen darin andünsten bis sie goldgelb werden. Die Knoblauchzehen aus dem Topf nehmen. Die Fischscheiben hinzugeben, mit Salz und Pfeffer abschmecken und mit Weißwein abschrecken. Zuletzt werden die Oliven hinzugefügt und das Ganze ca. 10 Minuten im Backrohr bei 150°C gebacken.

Fritierte Seezungenfilets

Linguata fritta

- 8 Seezungen à 200 g
- Olivenöl
- 1 Prise Salz
- Hartweizenmehl

Die Seezungen von Haut und Innereien säubern. Mit einem Messer die Filets der Länge nach schneiden. Im Mehl wenden und in reichlichem erhitztem Öl 5 Minuten bei milder Flamme gar dünsten. Warm servieren und mit Salz abschmecken.

Krebse auf dem Rost

Gammaruna arrustuti

- 40 mittelgroße Krebse
- Olivenöl
- 1 Prise Salz
- 1 Handvoll gehackte Petersilie

Die Krebse auf einem Holzstäbchen aufspießen. Ölen, salzen und auf den Rost legen. Auf beiden Seiten 5 Minuten lang grillen. Warm servieren mit einem Schuß Olivenöl und gehackter Petersilie garniert.

Panierte Krebse
Gammaruna a cotoletta

- 40 große Krebse
- Weizenmehl
- 3 Eier
- Semmelbrösel
- 1 Prise Salz
- Olivenöl

Die Garnelen schälen und in Mehl, verquirlten Eiern und Semmelbrösel panieren. Das Öl in einer Pfanne erhitzen und die Garnelen dazugeben. Ca. 5 Minuten goldbraun garen; dabei ständig wenden. Mit einer Prise Salz abschmecken und warm servieren.

Schwertfischröllchen

Bruciulittina di pisci spata

- 12 dünne Scheiben Schwertfisch à 30 g
- 200 g Schwertfischfleisch
- 10 Scheiben Kastenbrot
- 2 Zwiebeln
- 2 dl Olivenöl
- 100 g Rosinen und Pinienkerne
- 3 Eier
- 100 g geriebener Parmesankäse
- 1 Handvoll gehackte Petersilie
- 1 Prise Salz
- 16 Loorbeerblätter

Das Brot zerbröckeln und in eine Schüssel zusammen mit Käse, Petersilie und Salz vermischen. Die fein gehackte Zwiebel in erhitztem Öl andünsten, Rosinen, Pinienkerne und das gewürfelte Fischfleisch dazugeben. 5 Minuten lang garen.
Alles in die Schüssel legen und gut verkneten. Mit Eiern zu einer gleichmäßigen Farce verarbeiten. Die Fischscheiben leicht klopfen. Mit der Füllmasse bestreichen und zu Rouladen aufrollen.
Die Rouladen auf Holzstäbchen abwechselnd mit Zwiebelscheiben und Lorbeerblättern aufspießen. Ölen und in Semmelbröseln wenden. Auf dem Rost für ca. 12 Minuten auf milder Flamme gut grillen. Mit einem Schuß Olivenöl angerichtet sehr warm servieren.

Panierte Kabeljaue

Mirruzzedda a cotoletta

- 6 kleine Kabeljaue à 150 g
- 3 Eier
- 200 g Semmelbrösel
- Weizenmehl
- Weißweinessig
- Samenöl und Olivenöl
- 1 Prise Salz

Die Kabeljaue putzen, wie ein Buch aufschneiden, gut waschen, in eine Schüssel legen, mit Weißweinessig befeuchten und 3 Stunden lang marinieren lassen.
Folglich gut abtropfen, in Mehl, den mit einer Prise Salz gewürzten verquirlten Eiern und den Semmelbröseln wenden. Im warmen Öl zum Braten garen und 2 Löffel Olivenöl hinzugeben. Warm servieren.

Alternative: Die Kabeljaue durch Makrelen der gleichen Größe ersetzen.

Schwertfisch mit Fischbrühe

Pisci spata a brodettu

- 4 Scheiben Schwertfisch à 200 g
- 2 dl Olivenöl
- 200 g geschälte Tomaten
- 1 dl Weißwein
- 1 Prise Salz
- 1 Prise Pfeffer
- Weizenmehl
- 1 Handvoll gehackte Petersilie
- Wasser
- 2 Knoblauchzehen

Die Knoblauchzehen in einer Pfanne mit heißen Öl andünsten, worin dann der mit Mehl bestäubte Fisch beigefügt wird.
Mit Wein abschrecken, Dosentomaten und ein wenig Wasser hinzufügen. Mit Salz und Pfeffer abschmecken. Etwa 10 Minuten lang zugedeckt garen lassen.
Warm servieren und mit frisch gehackter Petersilie bestäuben.

Alternative: Mit den gleichen Zutaten können auch Adlerfische, Zackenbarsche und sonstige Fischsorten zubereitet werden (Meerzwiebel, Seeaal, Queise, usw.).

Schwertfisch auf die Leckere Art

Pisci spata a l'agghiotta

- 4 Scheiben Schwertfisch à 200 g
- 1 gehackte Zwiebel
- 2 Beutel Safran
- 2 dl Olivenöl
- 1 dl Weißwein
- 1 Prise Salz
- 1 Prise Pfeffer
- 1 Handvoll gehackte Petersilie
- Weizenmehl
- Wasser

In einer Pfanne die gehackte Zwiebel in erhitztem Öl goldgelb andünsten lassen. Die mit Mehl panierten Fischscheiben darin legen und auf beiden Seiten goldgelb bräunen. Mit Wein abschrecken und den in Wasser gelösten Safran hinzufügen. Mit Salz und Pfeffer abschmecken und 10 Minuten bei milder Hitze garen. Mit frisch gehackter Petersilie bestäuben und sehr warm servieren.

Alternative: dieses Rezept eignet sich auch für die Zubereitung aller Schnittfische (Zachenbarsch, Kabeljau, Klippfisch, usw.) und Brühe-Fische (roter Kurrhahn, Seeschwalbenfische, Seeaal, Meerzwiebeln, usw.).

Schwertfisch nach der Art von Messina

Pisci spata a missinisi

- 4 Scheiben Schwertfisch à 200 g
- 1dl Weißwein
- 2 dl Olivenöl
- 200 g geschälte Tomaten
- 100 g grüne Oliven ohne Stein
- 50 g entsalzte Kapern
- 3 Kartoffeln (in feinen Scheiben)
- 1 Prise Salz
- 1 Prise Pfeffer
- Weizenmehl
- 1 Handvoll gehackte Petersilie
- Wasser

In einer Pfanne das Öl erhitzen und darin die bereits mit Mehl panierten Fischscheiben anbraten. Mit Wein abschrecken und Oliven, Kapern und Tomaten hinzugeben. Mit Wasser verdünnen. Salzen und pfeffern und die Kartoffeln auf dem Fisch anrichten. Zudecken und 15 Minuten bei milder Flamme garen. Den Fisch auf eine Servierplatte legen und mit der Soße anrichten. Mit frisch gehackter Petersilie garnieren und warm servieren.

Alternative: Dieses Rezept eignet sich auch für alle Fische in Scheiben (Zachenbarsch, Adlerfisch, Albakore, Makrele, Klippfisch, usw.).

Schwertfisch nach Palermitanischer Art

Pisci spata a palermitana

- 4 Schwertfischscheiben à 200 g
- 3 gehackte Knoblauchzehen
- Semmelbrösel
- 2 dl Olivenöl
- 1 Prise Salz
- 1 Prise Pfeffer
- 1 Prise Origano

Semmelbrösel, Knoblauch, Salz, Pfeffer und Origano in einer Schüssel gut vermengen. Die Fischscheiben gut ölen und in der Panade wenden. Die Scheiben auf einen heißen geölten Rost legen und ca. 10 Minuten auf beiden Seiten grillen. Warm servieren mit einem Schuß Olivenöl anrichten.

Alternative: Die gleichen Ingredienzien können auch bei anderen Fisch Scheiben verwendet werden, wie Zachenbarsch, Adlerfisch, Albakore, usw.

Kleine Polypen mit Tomatensoße

Purpiteddi murati

- 10 Polypen à 100 g
- 4 reife Tomaten
- 1 Zwiebel
- 2 dl Olivenöl
- 1 Prise Salz
- 1 Prise Pfeffer
- 1 Bund Petersilie

Die Polypen putzen und den Mund entfernen. In einem Topf aus Terrakotta die gehackte Zwiebel im heißen Öl andünsten, und die Fische dazugeben und zugedeckt garen lassen. Folglich die gewürfelten Tomaten und je nach Belieben einen Tintenbeutel hinzufügen. Den Fisch beifügen, mit Salz und Pfeffer abschmecken. Den Topf bedecken und bei milder Flamme noch 20 Minuten garen lassen. Den Topf abdecken, die Polype herausnehmen und auf einem Teller anrichten. Den Sud noch leicht einkochen lassen und dann auf die Fische gießen. Mit frisch gehackter Petersilie bestäuben. Warm oder kalt servieren.

Bällchen von Glasfischchen

Purpetti di 'nunnata fritti

- 800 g Sardinen Glasfischche
- 100 g geriebener Parmesankäse
- 1 Prise Salz
- 1 Handvoll Petersilie
- Hartweizenmehl
- 1 Ei
- Olivenöl

Die kleinen Fische in eine Schüssel geben. Mehl, Parmesankäse, Salz, Petersilie und Ei hinzufügen. Zu einer gleichmäßigen Farce gut verkneten. Das Öl in einer Pfanne erhitzen und die Fischmischung löffelweise darin braten. Auf beide Seiten ca. 5 Minuten lang braten. Warm und trocken servieren.

Bällchen von Glasfischchen auf dem Rost

Purpetti di 'nunnata di sardi arrustuti

- 800 g Sardinen Glasfischche
- Hartweizenmehl
- Olivenöl
- 1 Prise Salz
- 1 Prise Pfeffer
- 1 Bund gehackte Petersilie
- 1 Zitrone

Die kleinen Fische in eine Schüssel geben. Mit Hartweizenmehl, Salz, Pfeffer, Öl und Petersilie zu einer gleichmäßigen Mischung gut verkneten. Die Rostplatte ölen. Die leicht gedrückten Bällchen darauf legen. Bei milder Flamme ca. 12 Minuten auf beiden Seiten grillen. Warm servieren mit einem Schuß Olivenöl anrichten und mit Zitronenscheiben garnieren.

Gefüllte Sardinen nach der Art von Catania
Sardi a linguati a catanisi

- 600 g entgrätete Sardinen
- 120 g Semmelbrösel
- 50 g geriebener Reiterkäse
- 3 Eier
- Weizenmehl
- 2 Löffel entsalzene Kapern
- 4 dl Weinessig
- Olivenöl
- 1 Prise Salz
- 1 Prise Pfeffer
- 1 Bund gehackte Petersilie

Die Sardinen putzen und in Essig marinieren lassen. In eine Schüssel 50 g Semmelbrösel, gehackte Kapern, Salz, Pfeffer, Petersilie und Käse mit einem Ei gut binden. Die Fische abtropfen und auf die Arbeitsfläche legen. Jeweils eine Hälfte des Fisches mit der Mischung bestreichen und mit der anderen Hälfte bedecken. In Ei, Mehl und Semmelbröseln wenden. In erhitztem Öl fritieren.

Sardinen mariniert
Sardi a linguati

- 1 kg entgrätete frische Sardinen
- 8 Knoblauchzehen
- 3 dl Olivenöl
- 3 dl Weißweinessig
- 1 Prise Salz
- 1 Bund frische Minze

Die Marinade mit Öl, Essig, gehackten Knoblauchzehen, Salz und Minze in einer Schüssel zubereiten.
Gut verquirlen und verrühren. In einer Glasdose die Fische abwechselnd mit der Marinade schichten, bis alle Zutaten aufgebraucht sind.
Vor dem Verzehr etwa 24 Stunden im Kühlschrank ruhen lassen.

**Bild*

Gefüllte Sardinen

- 40 frische Sardinen
- 1 Packung Kastenbrot
- 50 g Rosinen und Pinienkerne
- 30 g Anchovifilets
- 1 dl Essig
- 50 g Zucker
- 1 Prise Salz
- 1 dl Orangensaft
- 1 dl Zitronensaft
- 2 dl Olivenöl
- 50 Lorbeerblätter

Die Sardinen wie ein Buch öffnen und ausnehmen. In einer Tasse Rosinen und Pinienkerne 5 Minuten lang in einer Soße aus Essig und Zucker ruhen lassen. Das zerbröckelte Brot hinzufügen. Mit Salz, Anchovifilets, Orangen- und Zitronensaft und einen Schuß Öl anrichten und zu einer gleichmäßigen Farce verkneten. Die Sardinen auf die Arbeitsfläche legen. Jeden Fisch mit Farce bestreichen und so einrollen, daß der Schwanz außen bleibt. In einer Form abwechselnd mit den Lorbeerblättern anrichten, wobei die Schwänze nach oben schauen sollten. Mit einem Schuß Öl befeuchten und 5 Minuten im Ofen bei 180°C backen. Warm oder lauwarm servieren.

Drachenkopf mit roter Brühe
Scrofano a brodiceddu

- 8 Drachenköpfe à 200 g
- 4 Knoblauchzehen
- 2 dl Olivenöl
- 2 dl trockner Weißwein
- 200 g geschälte Tomaten
- 1 Prise Salz
- 1 Prise Pfeffer
- 1 Handvoll gehackte Petersilie
- Weizenmehl

Die Fische putzen und im Mehl wenden. Das Öl erhitzen und die Fische wenige Minuten lang bei milder Flamme darin garen. Mit den gehackten Knoblauchzehen würzen, dem Wein abschrecken und die gewürfelten Tomaten hinzufügen. Mit Salz und Pfeffer abschmecken und mit gehackter Petersilie bestäuben. Den Kochfond mit Wasser verflüssigen und für etwa 12 Minuten bei milder Flamme braten.

Tintenfisch auf dem Rost
Sicci arrustuti

- 4 Tintenfische à 300 g
- 2 dl Olivenöl
- 1 Prise Salz
- 1 Handvoll gehackte Petersilie

Die Tintenfische putzten, Bauch und Innereien entfernen. Ölen, salzen und auf den heißen Holzkohlengrill legen. 10 Minuten lang auf beiden Seiten bei milder Flamme grillen. Mit einem Schuß Olivenöl anrichten und mit gehackter Petersilie bestäuben. Warm servieren.

Makrelen auf dem Rost
Scurmi arrustuti

- 8 Makrelen à 200 g
- 2 dl Olivenöl
- 1 Prise Salz
- 1 Prise Pfeffer
- Saft aus 1/2 Zitrone
- 1 Prise Origano

Die Makrelen putzen: Innereien und Kiemen entfernen. Ölen, mit Salz bestäuben und auf das Rost legen. Jede Seite 10 Minuten lang bei milder Flamme grillen. Warm servieren und mit einer Soße aus Öl, Zitronensaft, Origano und Pfeffer anrichten.

Makrelen in Öl
Scurmi cu l'ogghio

- 8 Makrelen à 200 g
- Wasser
- 1 dl Olivenöl
- 1 Handvoll Petersilie
- Saft aus 1 Zitrone
- 1 Handvoll Salz

Die Makrelen putzen. Innereien und Kiemen entfernen. In einen Topf geben und mit kaltem Wasser bedecken. Wasser reichlich salzen. Bei milder Hitze ca. 10 Minuten kochen. Abkühlen lassen, entgräten und die Filets in eine Schüssel mit Olivenöl, Zitronensaft, Salz und Petersilie legen.

Seezunge auf dem Rost
Linguati arrustuti

- 8 Seezungen à 200 g
- 1 dl Olivenöl
- 1 Prise Salz
- 1 Handvoll gehackte Petersilie

Die geputzten und abgetropften Seezungen mit Öl einpinseln. Mit Salz bestäuben und auf das heiße Rost legen. Jede Seite ca. 10 Minuten lang grillen.
Mit einem Schuß Olivenöl anrichten und mit gehackter Petersilie bestäuben. Warm servieren.

Fritierter Degenfisch
"Spatula" fritta

- 4 Scheiben Degenfisch à 200 g
- Hartweizenmehl
- Olivenöl
- 1 Prise Salz

Die Degenfischscheiben mit Mehl bestäuben und im erhitzten Öl tauchen. Wenige Minuten ausbacken. Warm servieren und mit Salz bestäuben.

Brochettes mit Seebrassen

- 40 mittelgroße Seebrassen
- 2 dl Olivenöl
- 1 Prise Salz
- 1 Handvoll gehackte Petersilie

Die Seebrassen putzen und den sich im Inneren befindenden Knochen entfernen. Die Fische auf Holzspießen aufspießen. Mit Öl einpinseln, mit Salz abschmecken und auf das Rost legen. Bei milder Flamme für ca. 5 Minuten grillen. Mit einem Schuß Olivenöl anrichten und gehackter Petersilie bestäuben. Warm servieren.

Brochettes mit Krebsen nach der Art von Messina

Spitini di gammareddi a missinisi

- 600 g geschälte Krebse
- 1 Knoblauchzehe (nach Belieben)
- 80 g Semmelbrösel
- 30 g geriebener Caciocavallo
- Saft aus einer Zitrone
- 1 dl Olivenöl
- 1 Prise Salz
- 1 Prise Pfeffer
- 1 Handvoll gehackte Petersilie

Die Krebse auf Holz- oder Metallstäbchen aufspießen. In einer Schüssel die Semmelbrösel mit dem Käse, dem Salz, dem Pfeffer und die Petersilie gut vermengen. In einen Teller Öl, Zitronensaft und gehackte Knoblauchzehe legen. Die Brochettes in die Zitronensoße tauchen, abtropfen und in der Semmelbrösel-Mischung wenden. Den Rost ölen und erhitzen, bis er heiß ist. Die Brochettes darauf legen und wenige Minuten auf beiden Seiten grillen. Sehr warm servieren.

Brochettes mit Schwertfisch und Zeder

Spitini di pisci spata

- 20 Würfel Schwertfisch à 30 g, etwa 2 cm dick
- 24 Zederblätter
- 100 g Margarine
- 1 dl Olivenöl
- 150 g Butter
- Saft aus 5 Zedern
- 50 g gehackte und entsalzene Kapern
- 1 Prise Salz

Die Brochettes mit abwechselnden Fischwürfeln und Zederblättern anrichten. In einer Pfanne mit Öl und Margarine braten. Wenn sie fast gar sind, Fett abgießen und durch Butter und Zedersaft ersetzen.

Mit Kapern würzen, mit Salz und Pfeffer abschmecken und bei milder Flamme garen, bis die Butter geschmolzen ist. Warm servieren und mit der so entstandenen Sauce anrichten.

Süßsaurer Thunfisch mit Zwiebeln
Tunnina cu a cipuddata

- 4 Scheiben Thunfisch à 200 g
- 4 Zwiebeln
- 3 dl Olivenöl
- 1 Prise Salz
- 1 Handvoll gehackte Petersilie
- Wasser
- Weizenmehl
- 100 g Zucker
- 2 dl Weinessig

Die Fischscheiben im Mehl wenden und ca. 5 Minuten lang in einer Pfanne garen. Auf einer Platte anrichten. In einer extra Pfanne die in Scheiben geschnittenen Zwiebeln mit wenig Wasser andünsten. Sobald sie weich sind, einen Schuß Öl hinzufügen und goldgelb braten. Zucker hinzufügen und wenn sie zu karamelisieren beginnen, mit Essig abschrecken und mit Salz abschmecken. Die Zwiebeln noch einige Minuten garen und auf den Fisch geben, mit der gehackten Petersilie garnieren. Kalt oder lauwarm servieren.

Gebackener Thunfisch
Tunnina 'nfurnata

- 1 kg Thunfisch (Schnitt)
- 1 dl Olivenöl
- 1 Prise Salz
- 1 Prise Paprika
- 1 Zweig Rosmarin

Eine Form ölen, den Fisch darin anrichten, salzen und mit Paprika und Rosmarin würzen. Eine Stunde lang bei 150°C braten dabei nicht vergessen, den Fisch öfters zu wenden.
Wenn erforderlich, mit Wasser verdünnen, damit der Fisch nicht zu trocken gerät. Den Fisch in Scheiben schneiden und mit einigen Löffeln Saucenfond warm servieren.

Alternative: Der wie oben zubereitete Fisch kann auch kalt serviert werden mit einer grüner Soße, mit einer Mischung aus Öl, Zitronensaft, Petersilie oder mit einer verdünnten süßsauren Zwiebelsoße.

Fritierter Thunfisch
Tunnina fritta

- 4 Scheiben Thunfisch à 200 g
- Olivenöl
- Hartweizenmehl
- 1 Prise Salz
- 1 Prise Pfeffer

Die Thunfischscheiben im Mehl wenden. In einer Pfanne Öl erhitzten und die Fischscheiben darin braten. Jede Seite 8 Minuten lang bei milder Flamme garen.
Mit Salz und Pfeffer abschmecken und sehr warm servieren.

Thunfisch mit Tomatensoße
Tunnina 'mbuttunata a ragù

- 1 kg frischer Thunfisch (Schnitt)
- 5 Knoblauchzehen
- 3 dl Olivenöl
- 1 Prise Salz
- 1 Prise Pfeffer
- 1 guter Bund frische Minze
- 200 g Tomatenmark
- Wasser
- 1 Zwiebel

In einer Terrine mit hohen Rand Öl erhitzen und darin eine Zwiebel andünsten. Das mit Wasser verdünnten Tomatenmark hinzufügen. Salzen, pfeffern, mit frischer Minze würzen und ca. 10 Minuten köcheln lassen. Mit einem Messer kleine Schnitte in den Fisch ritzen, die dann mit mit Knoblauch, Salz, Pfeffer und einigen Blätter Minze gefüllt werden.
Dann den Fisch in einer Pfanne braten bis er eine goldbraune Farbe annimmt. In die Tomatensoße tauchen und das Ganze eine Stunde lang garen lassen. Lauwarm mit der Tomatensoße servieren.

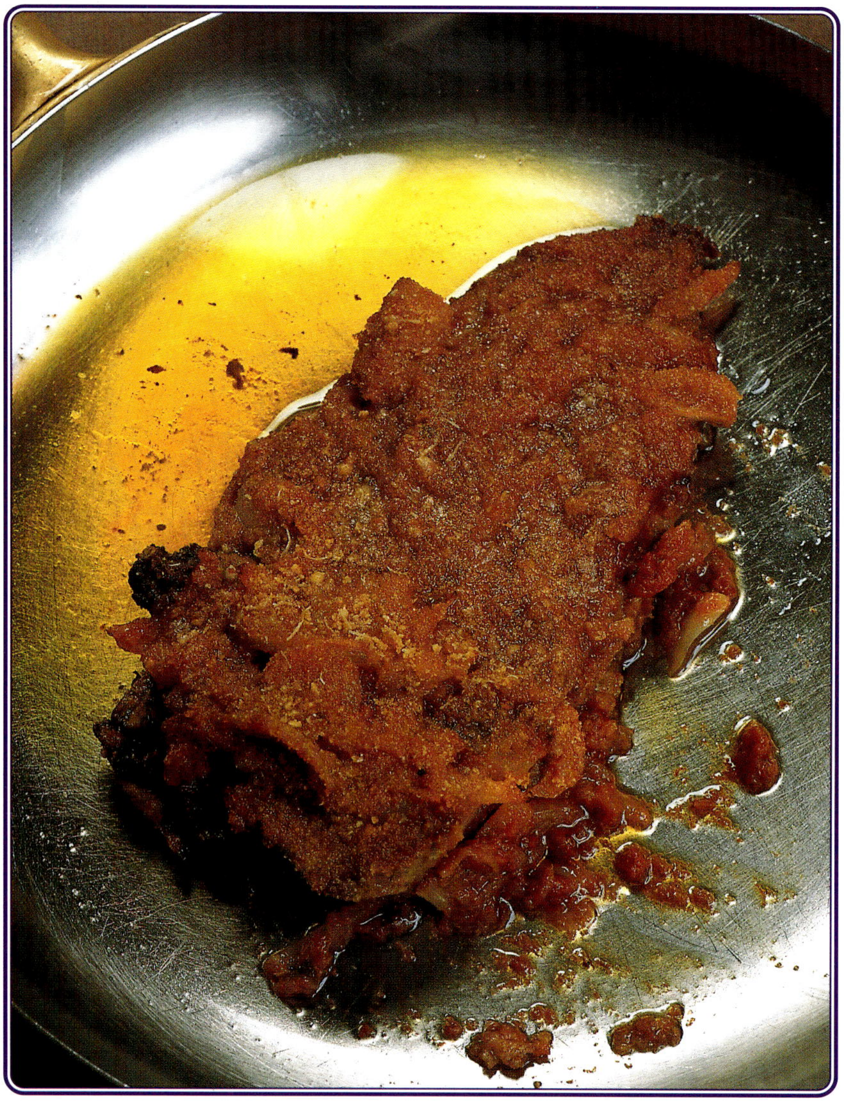

Thunfisch mit Tomatensoße und Semmelbrösel

Tunnina a sfinciuni

- 4 Scheiben Thunfisch à 200 g
- 3 Zwiebeln
- 100 g Anchovifilets
- 200 g Tomatenmark
- 3 dl Olivenöl
- 100 g Semmelbrösel
- 1 Prise Salz
- 1 Prise Pfeffer
- Wasser

In einer Pfanne etwas Öl erhitzen und darin die Scheiben auf beiden Seiten braten. Wenn goldbraun, den Fisch in einer Form anrichten. In einem extra Topf die gehackten Zwiebeln in heißem Öl andünsten; die Anchovis darin weichschmoren lassen. Das mit Wasser verdünnte Tomatenmark dazugießen. Mit Salz und Pfeffer abschmecken und 10 Minuten garen lassen, bis die Soße ziemlich dickflüssig wird. Die Soße über den Fisch geben, mit Semmelbröseln bestäuben und 5 Minuten lang bei ca. 180°C backen.

Meerbarben auf dem Rost
Trigghi arrustuti

- 8 Meerbarben à 200 g
- 2 dl Olivenöl
- 1 Prise Salz
- 1 Handvoll gehackte Petersilie

Die sauber geputzten Meerbarben mit Öl bestreichen, salzen und auf dem heißen Rost legen. Auf beiden Seiten 10 Minuten lang grillen. Warm servieren, mit einem Schuß Öl anrichten und mit gehackter Petersilie bestäuben.

Meerbarben in der Tüte
Trigghi in tianu

- 8 Meerbarben à 150 g
- 150 g in Ringe geschnittene Tintenfische
- 100 g geschälte Garnelen
- 300 g Miesmuscheln
- 4 Knoblauchzehen
- 3 dl Olivenöl
- 2 dl Weißwein
- 200 g geschälte Tomaten
- 1 Prise Salz
- 1 Prise Pfeffer
- 1 Handvoll gehackte Petersilie
- Wasser
- Weizenmehl

Die Fische putzen, Kiemen, Schuppen und Innereien entfernen. Folglich in einer Form mit niedrigem Rand etwas Öl erhitzen und den Fisch zusammen mit dem Koblauchzehen andünsten. Tintenfische, Garnelen und Miesmuscheln hinzufügen und weitere 3 Minuten lang garen. Wein und Tomaten hinzugeben. Mit Salz und Pfeffer abschmecken und die Soße mit Wasser verdünnen. Zudecken und bei milder Flamme weitere 12 Minuten kochen lassen. Die Fische auf eine Servierplatte anrichten, mit Petersilie bestäuben und warm servieren.

Fritierte Meerbarben
Trigghi fritti

- 8 Meerbarben à 150 g
- Hartweizenmehl
- Olivenöl
- 1 Prise Salz

Die Meerbarben putzen, im Mehl wenden und ins erhitzte Öl geben. Auf beiden Seiten ca. 10 Minuten langsam braten. Mit Salz bestäuben und warm servieren.

Meerbarben mit Safran
Trigghi c'a zafarana

- 8 Meerbarben à 200 g
- 2 Beutel Safran
- 2 dl Olivenöl
- 2 dl trockener Weißwein
- Wasser
- Weizenmehl
- 1 Prise Salz
- 1 Zwiebel

Die gründlich gesäuberten Meerbarben abtropfen lassen und im Mehl wenden. Das Öl in einer niedrigen Pfanne erhitzen und die Fische 3 Minuten lang auf beiden Seiten braten.
Die gehackte Zwiebel und die Beutel Safran hinzufügen, mit Wein abschrecken und das Ganze mit ein wenig Wasser verdünnen. Mit Salz abschmecken und ca. weiter 5 Minuten garen.

Fischsuppe
Suppa di pisci

- 1 kg Suppenfische (Seeschwalbenfisch, Drachenkopf, Petersfisch, Steinbutt)
- 200 g Kalmare
- 150 g geschälte Krebse
- 500 g Muscheln
- 2 dl Olivenöl
- 4 Knoblauchzehen
- 2 dl Weißwein
- 300 g Dosentomaten
- 1 Prise Salz
- 1 Handvoll gehackte Petersilie
- Weizenmehl
- 1 Prise Salz
- Wasser

Die Fische putzen und grob würfeln. Die Kalmare in Ringe schneiden. In einem Topf (möglicherweise aus Terrakotta) Öl erhitzen, die Tomaten hinzufügen, Muscheln, Schalentiere (Kalmare, Krebse und Muscheln) und Knoblauch hinzugeben. Einige Minuten kochen lassen. Mit Wein abschrecken, mit Salz und Pfeffer abschmecken und ca. 10 Minuten bedeckt kochen. Um zu vermeiden, daß die Suppe zu dickflüssig wird, empfiehlt es sich das Ganze mit ein wenig Wasser zu verdünnen. Mit gehackter Petersilie garnieren und warm servieren.

Specialità
iciliana

Aniskekse
Viscotta all'anici

- 1 kg Mehl
- 800 g Zucker
- 1 Teelöffel Anissamen
- 700 g Eier (mit Schale gewogen)
- 1 Prise Vanille
- 1 Prise Ammoniakpulver
- Butter

In einer Schüssel die Eiweiße zu Schnee schlagen, und langsam den bereits mit Mehl vermischten Zucker, die Vanille, das Ammoniakpulver und die Anissamen untermengen.
Den Teig schnell verkneten. Die Eigelbe einarbeiten und zu einem weichen und gleichmäßig Teig durchkneten. Halbmondförmige, etwa 3 cm dicke Kekse formen. Ein Backblech fetten und die Kekse darauf anrichten. Bei milder Hitze ca. 15 Minuten lang backen.

* *Bild*

Blancmanger
Biancu manciari

- 1 lt Milch
- 200 g Zucker
- 100 g Stärke für Süßwaren
- 2 g Vanille

In einer Schüssel Stärke und Zucker mit einem Kochlöffel gut verrühren. Die Milch langsam untermengen, so daß sich keine Klumpen bilden können.
Die Creme mit Vanille würzen und kochen, dabei ständig rühren, bis die Creme nicht eine samtige, dickflüssige Konsistenz annimmt. Den Topf vom Herd nehmen und die Creme in Portionsschälchen oder in eine Schüssel füllen. Abkühlen lassen.

Variation: Vanille mit geriebener Orangen- oder Zitronenschale oder durch bitteren Kakao ersetzen.

Königin Kekse

Viscotta riggina

- 1 kg Mehl
- 400 g Zucker
- 400 g Butter
- 2 dl Milch
- 1 Prise Vanille
- 1 Tropfen Orangenaroma
- 4 Eier
- Sesam
- 1 Prise Ammoniak

In eine Schüssel Zucker, die Aromen, das Ammoniak, die Butter und die Eier sorgfältig durchkneten. Mehl hinzufügen und zu einer weichen Menge kneten. Den Teig etwa 1 Stunde lang an einem warmen Ort ruhen lassen. Etwa 5 cm dicke Stäbchen formen, kurz in eine Schüssel mit Milch tauchen und in den Sesamkernen wenden. Auf einem gefetteten Backblech anrichten und ca. 15 Minuten backen.

Kekse des Hl. Martins
Viscotta di San Martinu

- 1 kg Mehl
- 270 g Zucker
- 200 g Butter
- 50 g Hefe
- 40 Anissamen
- 10 g Zimt
- 3 dl lauwarmes Wasser

Mehl, Zucker, Zimt und Anissamen auf einer Arbeitsfläche vermischen. Eine Mulde bilden und darin Schmalz und Hefe hineingeben.
Gut vermischen und unter Beigabe von Wasser langsam zu einem weichen, gleichmäßigen Teig verkneten. Auf einer eingefetteten Backform den Teig zu kleinen Bällchen mit einem Durchschnitt von etwa 5 cm formen und an einem warmen Ort etwa 1 Stunde lang ruhen lassen. Im warmen Ofen goldbraun backen.

Am besten sind sie als Beilage zu einem guten trocknen Marsala, zu einem Likörwein oder Muskatwein.

Hefekranz

Cucciddatu

- 500 g Mehl
- 200 g Zucker
- 300 g Butter
- 4 Eier
- 1 dl Milch
- 300 g getrocknete Feigen
- 60 g Pistazien
- 150 g Nußkerne
- 50 g Splitter Schmelzschokolade
- 100 g Rosinen
- 150 g gehackte und gebräunte Mandeln
- 5 Gewürznelke (in Pulver)
- 250 g kandierter Kürbis in Würfel
- 1 Prise Zimt
- Orangenmarmelade
- 1/2 Glas Marsala

Auf einer Arbeitsfläche Mehl, Zucker, 3 Eier, Salz und Milch zu einem weichen Teig verkneten. In ein Leintuch einwickeln und etwa 2 Stunden ruhen lassen.
In einen Topf die gehackten Feigen, 1 Ei, Nußkerne, Mandeln, Rosinen, Gewürznelken und das 1/2 Glas Marsala vermischen und 10 Minuten kochen lassen. Vom Herd nehmen, mit drei Löffel Orangenmarmelade abschmecken und abkühlen lassen. Den Teig mit dem Werkelholz zu einem etwa 1 cm dick länglichen Rechteck auswälzen. Die Füllung in die Mitte streichen und einrollen. Die zwei Enden zusammen schließen und zu einem Kranz formen. Auf ein Backblech legen und den Teig an der oberen Seite so einschneiden, daß die Füllung sichtbar ist.
Im warmen Backrohr ca. 30 Minuten backen. Den Kranz aus dem Rohr nehmen und mit einem Löffel in Wasser gelöster Orangenmarmelade bestreichen. Mit gehackten Pistazien garnieren und zusätzliche 5 Minuten backen. Mit kandierten Früchten garnieren und im Ofen abkühlen lassen.

Cannoli
Cannola

- 800 g Mehl
- 150 g Schweineschmalz
- Öl
- 4 Eier
- 1 dl Muskat- oder Weißwein
- 75 g Zucker
- 1 Prise Salz
- 1 Prise Vanille
- Ricotta Creme
- kandierte Orangen oder Kirschen

Ein Häufchen Mehl auf eine Arbeitsfläche streuen und darin eine kleine Mulde bilden. Schmalz, Zucker, Weißwein, Eier in die Mulde legen und das Ganze sorgfältig zu einem festen Teig durchkneten. Vor dem Ausrollen, die Masse etwa 1 Stunde lang ruhen lassen. Mit den Werkelholz einen sehr dünnen Teig ausrollen aus dem Scheiben von etwa 10 cm Durchmesser ausgestochen werden können.
Die Scheiben um die speziellen etwa 12 cm. langen mit Öl bestrichenen Zylinder wickeln (aus Schilfrohr oder aus Metall).
Die so entstandenen Röhrchen in einem relativ großen Topf in heißen Öl ausbacken bis sie goldbraun sind. Die Teighüllen sofort aus den Zilyndern lösen und erkalten lassen. Die Röhrchen mit der Ricottacreme füllen, mit Puderzucker bestäuben und mit kandierten Orangen oder Kirschen dekorieren.

Alternative: Um zu vermeiden, daß Teigröhrchen durch die Ricotta durchweichen, können diese zuvor Innen mit geschmolzener Schokolade bestrichen werden.

Gebackene *Cassata*

- Mürbteig
- Puderzucker
- Ricottacreme
- Butter

Den Mürbteig (siehe Rezept) teilen und zwei nicht allzu dünne Scheiben bereiten. Das Backblech einfetten, mit Mehl bestäuben und mit dem Mürbeteig bedecken. Mit der Ricottacreme (siehe Rezept) abfüllen und mit dem restlichen Mürbeteig bedecken. Die obere Scheibe mit einer Gabel durchlöchern. Etwa 30 Minuten backen. Abkühlen lassen, auf eine Servierplatte abstürzen und mit Puderzucker bestäuben.

Alternative: Ersatzweise den Mürbteig mit Wassermelonengrütze füllen.

Sizilianische Cassata

- Biskuit
- Ricottacreme
- Marzipan
- 150 g Puderzucker
- Wasser
- kandierte Früchte: Kürbis, Mandarine, Birnen, Orangen, Pflaumen, Kirschen

Biskuit, Ricottacreme und Marzipan nach den entsprechenden Rezepten zubereiten. Für die Glasur: Puderzucker in einem Suppenlöffel Wasser bei leiser Flamme auflösen, bis die Glasur Faden zieht, dabei achten, daß die Glasur schneeweiß bleibt.
Eine Form mit Puderzucker bestäuben und die Ränder abwechselnd mit Marzipanstreifen und Biskuit belegen. Auch den Fond mit Biskuit bedecken. Die Creme in die vorbereitete Form füllen und mit einem Spatel gut verstreichen. Einige Stückchen Biskuit mit der Creme vermischen. Die Cassata eine Stunde lang durchziehen lassen und dann auf eine Servierplatte stürzen. Die Cassata mit der noch warmen Glasur glasieren und das Ganze erkalten lassen. Mit kandierten Früchten dekorieren wobei eine als erstes eine Mandarine in die Mitte des Kuchens platziert werden sollte. Die Ränder mit kandiertem Kürbis oder kandierten Zederscheiben garnieren. Mit anderen Früchten in abwechselnden Farben dekorieren.

Englische Creme

- 1 l Milch
- 300 g Zucker
- 150 g Mehl
- 8 Eigelb
- 1 Prise Vanille
- 1 Löffel Zitronenschale

Die Milch mit der Zitronenschale und der Vanille zum Kochen bringen. Die einzelnen Eier mit Zucker und Mehl in einer Schüssel verquirlen, dabei achten, daß sich keine Klumpen bilden. Langsam der lauwarmen Milch untermengen und bei milder Flamme unter ständigem Rühren eindicken lassen. Sobald die Creme kocht, vom Herd nehmen, in eine Schüssel gießen und erkalten lassen.

Tip: diese Creme kann für die Zubereitung von Windbeuteln, Torten, Kuchen und sonstige Süßwaren verwendet werden.

Ricottacreme

- 300 g Ricotta
- 150 g Zucker
- 1 Prise Vanille
- 1 Löffel Schokoladenraspel

Die Ricotta mit dem Zucker und der Vanille in eine Schüssel vermischen und ca. 12 Stunden durchziehen lassen. Das Ganze gut verkneten und die Creme mindestens zweimal durch ein Sieb treiben, um eine ganz feine Ricotta zu erhalten. Zuletzt die Creme mit den Schokoladeraspeln vermischen.

Mürbeteig mit Orangenfüllung

- 500 g Mürbteig
- Englische Creme
- 5 Orangen
- 5 kandierte Kirschen
- Früchtegelee

Eine Springform fetten, mit Mehl bestäuben und den Mürbeteig darin anrichten. Mit Butterbrotpapier bedecken und im heißen Ofen etwa 20 Minuten lang backen. Wenn der Teig fast fertig ist, das Papier entfernen.
Zusätzliche 5 Minuten backen, die Form aus dem Ofen nehmen und abkühlen lassen.
Mit der Englischen Creme füllen und mit kandierten Orangen garnieren. Mit Früchtegelee bedecken und mit roten Kirschen dekorieren. Kalt servieren.

** Bild*

Cuccìa

- 1 kg weiches Getreide
- 900 g Ricottacreme
- 25 g gehackte Pistazien
- 25 g kandierte Kirschen
- 1 Prise Salz
- 1 Prise Zimt
- 10 g Kakaopuder
- Wasser

Getreide ca. 24 Stunden lang in kaltem Wasser aufgehen lassen, wobei das Wasser öfters gewechselt werden sollte. In einem Topf Salzwasser zum Kochen bringen und Getreide darin mindestens. 5 Stunden bei milder Flamme garen. Wenn das Getreide weich ist , Wasser abgießen und abkühlen lassen und sorgfältig mit der Ricottacreme vermengen (für die Ricottacreme siehe Rezept).
Die Creme mit Kakao und Zimt bestäuben und mit Pistazien und Kirschen dekorieren.

Alternative: Ricotta Creme mit Blancmanger ersetzen.

Hl. Josef Küchlein (Sphinxe)

- 350 g Mehl
- 5 Eier
- 100 g Butter
- 4 dl Wasser
- 1 Prise Salz
- kandierte Orangen und rote Kirschen
- Ricottacreme
- Schmalz

In einem Topf Wasser, Salz und Butter zum Kochen bringen.
Mehl langsam untermengen und mit einem Kochlöffel 10 Minuten lang zu einem weichen und gleichmäßigen Menge verrühren. Vom Herd nehmen.
Den Teig auf eine Arbeitsfläche stürzen und, wenn kalt, mit den Eigelb verarbeiten.
Die Eiweiße getrennt zu Schnee schlagen und langsam dem Teig unterheben.
Den Teig muß weich und kremig sein. In einer Pfanne mit hohem Rand das Schmalz lösen und darin den Teig löffelweise ausbacken. Abkühlen lassen und mit einem Messer einscheiden. Die Ricottacreme zubereiten und die Küchlein damit bestreichen. Mit den kandierten Orangen und den roten Kirschen dekorieren.

Johannisbrotgrütze

- 10 reife Johannisbrote
- 90 g Stärke pro Liter Saft
- 200 g Zucker

Das zerkleinerte Johannisbrot in eine Schüssel geben, mit Wasser bedecken und 2 Tage lang durchziehen lassen. Die Früchte dann im übriggebliebenen Wasser etwa 30 Minuten lang bei milder Flamme kochen. Wenn weich abkühlen lassen und Saft filtrieren. Der Saft wird dann in vier Teile aufgeteilt. Drei Teile davon werden mit Zucker zum kochen gebracht, während die Stärke im restlichen Teil aufgelöst wird und zum kochenden Saft gegossen wird. Mit einem Kochlöffel verrühren, damit ein gleichmäßiger dickflüssiger Saft entsteht. In einigen Schälchen verteilen und wenn abgekühlt im Kühlschrank aufbewahren.

Wasser-melonengrütze
Gelo di muluni

- 1 lt. Wassermelonensaft
- 80 g Stärke pro Liter Saft
- 150 g Zucker
- 4 Tropfen Jasminaroma
- 3 Tropfen Zimtaroma
- Gehackte Pistazien
- Schokoladenraspel

Das rote Melonenfleisch schälen. Entkernen und pürieren. Ein Viertel des Saftes in einer Schüssel mit Stärke auflösen. Die restlichen drei Viertel mit Zucker zum Kochen bringen. Sobald der Saft kocht muß die Stärke mit dem Jasmin- und Zimtaroma hinzugefügt werden. Unter ständigem Rühren weiterkochen bis ein dickflüssiger Saft entsteht. In den Schalen aufteilen und etwa 2 Stunden kalt stellen. Mit Schokoladeraspeln und einige Orangenblüten dekorieren. Vor dem Servieren einige Zeit in den Kühlschrank stellen.

Mustaccioli
Mustazzoli

- 500 g Mehl
- 500 g Zucker
- 4 Tropfen Gewürznelkenaroma
- 1 Prise Zimt
- 2 dl Wasser
- Butter

Auf einer Arbeitsfläche Mehl mit Zucker, Gewürznelkenaroma und lauwarmem Wasser zu einer gleichmäßigen Menge verkneten. Diese dann mit einem Werkelholz zu einem etwa 2-3 cm dicken Teig ausrollen und in ungleichmäßige, etwa 4 cm lange Stücke ausschneiden.
Auf ein gefettetes Backblech legen und bei milder Flamme etwa 40 Minuten lang backen

** Bild*

Biskuit

- 10 Eier
- 300 g Zucker
- 250 g Mehl
- 1 Prise Vanille
- Butter

Zucker und Eigelb mit einem Schneebesen gut vermengen. Langsam das Mehl und die Prise Vanille einarbeiten. Die Eiweiße steif schlagen und vorsichtig unter den Teig unterheben, so daß eine schaumige Masse entsteht. Eine runde Kuchenform mit einem Durchmesser von etwa 30 cm einfetten und mit Mehl bestäuben; vorsichtig die Teigmasse in die Form gießen und etwa 40 Minuten bei milder Flamme im Backrohr backen.

Da der Biskuit zu jeder beliebigen Creme paßt, eignet er sich als ausgezeichnete Basis für viele Torten. Von der Cassata bis zur Englischen Suppe.

Windbeutelteig

- 600 g Mehl
- 200 g Butter
- 1 lt Wasser
- 16 Eier

Wasser in einem Topf zum Kochen bringen. Sobald das Wasser kocht langsam Mehl und Butter hinzufügen und mit einem Kochlöffel gut verrühren. Etwa 5 Minuten lang bei milder Flamme kochen lassen. Wenn der Teig relativ fest ist, den Topf von der Flamme nehmen und den Teig in einer extra Schüssel leicht abkühlen lassen.
Folglich die Eier einzeln einarbeiten bis ein gleichmäßiger und weicher Teig entsteht. Das Ganze etwa 2 Stunden lang ruhen lassen. Ein Backblech fetten und kleine Teighäufchen in regelmäßiger Entfernung löffelweise auf das Blech verteilen. Bei milder Flamme im Ofen backen, bis sie aufgehen und eine goldene Farbe annehmen. Wenn fertig abkühlen lassen.

Alternative: die Windbeutel können mit Orangen-, Zitronen- und Mandarinencreme gefüllt werden, oder mit Ricotta, usw...

Mürbteig

- 1 kg Mehl
- 400 g Butter
- 400 g Zucker
- 6 Eier
- Ein Löffel geriebene Zitronen- und Orangenschale

Das Mehl auf eine Arbeitsfläche geben in der Mitte eine kleine Mulde bilden. Folglich die weiche Butter, die Eier und die Zitronen- und Orangenschalen in die Mulde geben und das Ganze gut zu einem glatten Teig verkneten. Den Teig in eine Schüssel legen und mit einem sauberen Tuch bedecken, kurz ruhen lassen und dann etwa 1 Stunde in den Kühlschrank stellen.

Alternativen: Mit dem Mürbteig kann man auch Kekse zubereiten, die dann mit Puderzucker bestäubt werden können.

Mandelmasse

- 500 g Mandeln
- 500 g Puderzucker
- 50 g Butter
- 2 Eier oder 4 Eigelb
- 5 Tropfen Mandelaroma

In einem Topf 500 ml Wasser zum Kochen bringen. Wenn das Wasser kocht, den Topf vom Herd nehmen, die Mandeln darin einweichen und etwa 10 Minuten durchziehen lassen. Abtropfen, schälen, trocknen und gemeinsam mit dem Zucker vermahlen. Unter ständigem Rühren die Mandeln mit den Eiern vermischen, mit der Essenz würzen und zu einer glatten und geschmeidigen Masse verkneten.
Wenn die Masse nicht sofort weiterverarbeitet wird, muß sie im Kühlschrank aufbewahrt werden.

Alternativen: Mit der Mandelmasse können Kekse zubereitet werden, die mit Pinienkernen, kandierten Schälen oder Kirschen garniert werden können. Oder man kann daraus kleine Küchlein herstellen, die mit Fruchtkonserven gefüllt werden (Zeder oder Orange, usw.) und etwa 15 Minuten im Backrohr gebacken werden.

Marzipan
Pasta riali

- 100 g Mandelmehl
- 200 g Zucker
- 3 Tropfen Mandelaroma
- 1 Prise Vanille
- 1 Teelöffel Honig
- 1 Prise grüner Lebensmittelfarbstoff

Mandelmehl mit Zucker, Mandelessenz, Vanille, Honig und dem in Wasser aufgelösten Farbstoff gut vermengen.
Zu einem weichen Teig gut verkneten.

Alternativen: mit diesem Teig können entkernte Datteln, halbierte kandierte Kirschen oder halbierte Nüsse garniert werden, die danach mit Puderzucker bestäubt werden.

Teigmasse für Immacolata Küchlein

- 700 g Mehl
- 6 dl Milch
- 40 g Hefe
- 6 Eier
- 10 g Zucker
- 3 gr. Salz

Für den Dekor:
- Zucker

In einer Schüssel das Mehl in 4 dl Milch auflösen. Salz, Zucker und Eier untermengen und gut verrühren. In einem kleinen Topf die restliche Milch erhitzen, bis sie lauwarm ist und darin die Hefe auflösen. In den Teig gießen und 45 Minuten lang zugedeckt aufgehen lassen. Den Teig in kochendem Öl, löffelweise goldbraun fritieren. Auf Kreppapier gut abtropfen lassen und in Zucker wenden. Können warm oder kalt serviert werden

Petrafennula

- 700 g Honig
- 300 g Orangenschale
- 150 Zitronen- oder Zederschale
- 5 g Vanille
- 5 g Zimt

In einer Pfanne Honig, Orangen- und Zitronenschalen bei sehr milder Flamme so lange kochen bis eine ziemlich feste Masse entsteht.
Mit Zimt und Vanille würzen. Das Ganze in spezielle etwa 10 cm lange, geölte zylindrische Tüten gießen. Abkühlen lassen und die so entstandene Masse in kleine Backpapierblätter einrollen.

** Bild*

***Pignoccata* aus Messina**

Pignulata a missinisi

- 1 kg Mehl
- 400 g Zucker
- 400 g Kakao
- 12 Eigelbe
- Öl oder Schmalz
- Wasser

Meh,l Eier und Hälfte der Zuckers zu einem feinen gleichmäßigen Teig verarbeiten. Daraus Stäbchen formen, in etwa 1-2 cm lange Stückchen schneiden und im kochendem Öl oder Schmalz ausbacken. Auf Kreppapier gut abtropfen lassen und auf einem Teller wie eine Pyramide aufeinanderstapeln.Für die Glasur, den Kakao mit dem restlichen Zucker und ein wenig Wasser bei milder Flamme auflösen und über die Pyramide gießen. Das ganze kalt stellen.

Alternative: Zwei Pyramiden formen. Die eine mit einer Kakaocreme dekorieren und die andere mit einer Zitronencreme.

Pignoccata aus Palermo

Pignulata a palermitana

- 500 g Mehl
- 200 g Zucker
- 150 g Honig
- 6 Eigelb
- Öl oder Schmalz
- Wasser

Mehl, Eier und Hälfte des Zuckers zu einem glatten Teig verarbeiten. Schmale Stäbchen formen, in 1 bis 2 cm lange Stücke schneiden und etwa 2 Minuten lang im heißen Öl ausbacken. In einem extra Topf den restlichen Zucker und den Honig bei milder Flamme auflösen. Folglich die gebackenen Teig Stückchen hinzufügen und kurz weiterkochen. Sobald sie anfangen aneinander zu kleben, auf eine mit Öl eingefettete Marmorplatte stürzen und abkühlen lassen.

Fastengebäck

- 800 g Mandeln
- 1.200 g Mehl
- 1.050 g Zucker
- 10 Eier
- 10 g Ammoniak
- 1 Prise Vanille
- 1 Prise Zimt
- 1 Prise gelbe Lebensmittelfarbe
- Butter

Auf einer Arbeitsfläche Mehl mit Mandeln, Zucker, Eier, Ammoniak, Vanille, Zimt und Lebensmittelfarbe zu einem festen Teig verkneten. Diesen dann in bereits eingefettete Backformen (20 cm lang und 10 cm breit) abfüllen. Ca. 15 Minuten lang im Ofen backen. Aus der Form stürzen und in etwa 3-4 cm breite Stücke schneiden.

Taralli

- 1 kg Mehl
- 1 kg Zucker
- 12 Eier
- 2 dl lauwarmes Wasser
- 1 geriebene Zitronenschale
- 1 Glas Anis
- 1 Tütchen Vanille
- Butter
- Zuckerglasur

Mehl, Zucker, Eigelb und lauwarmes Wasser zu einem weichen gleichmäßigen Teig verarbeiten. Eiweiß steif schlagen und langsam unter die Masse heben Aus dem Teig etwa 10 cm lange Röllchen formen , die einige Stunden ruhen müssen. Dann die Stäbchen zu kleinen Ringen formen und auf eine eingeölte Blechform legen. Etwa eine Stunde im Ofen backen und kurz bevor sie fertig sind, mit einer mit Zitronenschale gewürzten Zuckerglasur bestreichen. Weitere wenige Minuten im noch warmen Ofen backen, kalt stellen und servieren.

Türkenkopf
Testa di turcu

Für den Teig:
- 200 g Mehl
- 4 Löffel Zucker
- 2 Eier
- Öl

Für die Creme:
- 1 lt Milch
- 1 Stange Zimt
- 1 Zitronenschale
- 70 g Stärke

Für den Dekor:
- Schokoladentropfen
- Zimtpuder
- bunte Zuckerkügelchen

In einer Schüssel Mehl, Zucker und Eier zu einem festen und gleichmäßigen Teig verarbeiten. Den Teig auf einer Arbeitsfläche ausrollen und in kleinen Streifen schneiden, die in heißem Öl ausgebacken werden.
Extra drei Viertel der Milch mit dem Zimt und den Zitronenschalen zum Kochen bringen. Die Stärke in der restlichen Milch auflösen und der kochenden Milch beifügen; weiter kochen bis eine gleichmäßige und dicke Creme entsteht.
In einer Auflaufform abwechselnd die Creme mit dem Teig schichten. Die abschließende Schicht muß aus Creme bestehen.
Mit Zimtpuder, bunten Zuckergarnituren und Schokoladentropfen garnieren. Kalt servieren.

Triumph der Lust

Triunfu di gula

- 2 Scheiben Biskuit
- 800 g Marmelade (nach Belieben)
- 400 g Marzipan
- 800 g Ricottacreme
- 800 g Englische Creme
- 500 g gehackte Pistazien
- 300 g Früchtegelee
- 300 g kandierte Früchte

Den Biskuit auf eine Servierplatte legen und mit Marmelade bestreichen. Eine Schicht Marzipan darüberstreichen und mit Ricottacreme und Englischer Creme bedecken. Die zweite Scheibe Biskuit darauf legen. Die Ränder mit gehackten Pistazien garnieren. Die Torte mit Fruchtgelee bedecken und mit kandierten Früchten garnieren.

Register

Vorspeisen

Hauptgerichte

Fleischgerichte

Fischgerichte

Desserts